앵초꽃 사랑

앵초꽃 열쇠

2002년 10월 15일 1판 1쇄 인쇄 / 2002년 10월 23일 1판 1쇄 발행

지은이 이정원 / 펴낸이 임은주
펴낸곳 도서출판 청동거울 / 출판등록 1998년 5월 14일 제13-532호
주소 (137-070) 서울 서초구 서초동 1360-28 익산빌딩 203호 / 전화 02-584-9886~7
팩스 02-584-9882 / 전자우편 cheong21@freechal.com

편집장 조태림 / 편집 조은정 김용진 / 북디자인 이미선 / 영업관리 정재훈

값 7,000원

잘못된 책은 바꾸어 드립니다.
지은이와의 협의에 의해 인지를 붙이지 않습니다.
무단 전재 및 무단 복제를 금합니다.
ⓒ 2002 이정원

Korean translation Copyright ⓒ 2001 Lee, Jung Won.
All right reserved.
First published in Korea in 2002
by CHEONGDONGKEOWOOL Publishing Co.
Printed in Korea.

ISBN 89-88286-84-7

앵초꽃 사랑

이정원 꽃수필집

청동거울

머리말

앉은 자리, 꽃자리

여기선 내 나이가 거꾸로 든다. 사십 중반에서 초반으로, 삼십 후반에서 중반과 초반으로. 각기 다른 시간 속의 내가 서로를 보며 뭐라고들 할까.

대학 일학년 때 쓴 「성 안에 핀 꽃」이란 수필은 끝내 못 찾았다. 서정범 교수님의 눈에 띄어 수필 공부를 시작하게 만든 글인데, 아쉽다. 빨간 백일홍 꽃잎만 보면, 아직도 내 원고를 죽죽 그어 버리시던 교수님의 빨간 색연필이 떠올라 두렵다.

뭍꽃 이야기가 물속 꽃까지 갔다가, 꽃편지를 거쳐 다시 뭍꽃으로 돌아왔다. 교직을 떠나면서 내 삶에 한 획이 그어졌다는 생각이 강하게 들었다. 그것이, 시간을 거슬러 올라가며 예전의 꽃들을 되만나 보는 일을 앞당겼다.

어제, '앉은 자리가 꽃자리' 라는 말을 들었다. 나에 대한 투덜거

림을 단박에 거두게 하는 한 마디였다. 내가 앉은 지금의 자리가 꽃자리라면, 향기를 낼 일만 남지 않았나.

"체칠리아 책에 글 실리마, 내도 수필가 되는 기가?" 하시는 에드몬드 수사님께 웃음을 보내 드린다. 여러 고마운 이들에게도 마찬가지다. 어머니 가신 뒤에, 홀로 꿋꿋이 버티시며 군인 정신이 무엇인가를 보여주시는 아버지께 이 책을 바친다.

2002년 10월

이정원

차례

머리말 / 앉은 자리, 꽃자리 • 4
독자를 위하여 / 꽃과 삶, 그 치열한 만남 · 김종회 • 218

1부 동자꽃 스님

앵초꽃 열쇠 / 10
파랑새꽃 / 15
산부추꽃 / 19
자배기 수련 / 24
동자꽃 스님 / 28
금계국과 석등 / 32
크라슐라꽃 맘 / 37

2부 메꽃과 다시마

겹벚꽃 아가씨들 / 42
메꽃과 다시마 / 49
병아리 꽃나무 합창단 / 54
배꽃 핀 농장 / 61
해바라기 묵상 / 65
박꽃과 바가지 / 69
토끼풀꽃 반지 / 74

3부 산수유 물꽃 향기

철쭉제와 물꽃제 / 80
눈꽃 산호의 사랑 / 86
자주 바다나리 / 92

산수유 물꽃 향기 / 98
바다 백합 피는 계곡 / 104
성게 가시와 장미 / 110
카스피아 눈물 / 116
개불알풀꽃의 대왕님 / 123

4부 능소화 낭자

시클라멘의 자책감 / 130
능소화 낭자 / 135
나팔꽃 커튼 / 140
꽃과 십자가 / 145
피에타의 꽃길 / 150
민들레 홀씨의 시인들 / 155
해인사 연꽃 / 160
안개꽃 사전 / 165
꽃 사설시조 / 170

5부 패랭이꽃의 추억

벚꽃잎이 날릴 때 / 178
패랭이꽃의 추억 / 183
자목련의 여인 / 187
등나무꽃 노인 / 191
옥잠화의 사랑 / 196
개나리 천사들 / 200
말린 수국 편지 / 205
빨간 줄장미의 기도 / 209
첨성대 꽃탑 / 214

1부

동자꽃 스님

앵초꽃 열쇠 | 파랑새꽃 | 산부추꽃 | 자배기 수련 | 동자꽃 스님
금계국과 석등 | 크라술라꽃 맘

앵초꽃 열쇠

해마다 앵초꽃 화분을 안겨 주는 꽃집 아저씨가 있다. 아저씨의 꽃집은 내가 전에 나가던 학교 근처에 있다. 학교를 오가며 가끔 들른 것이 인연이 되어, 지금도 안부를 묻고 지낸다. '앵초 나왔는데요' 하는 아저씨의 말이 내게는 가장 이른 봄인사다. 그로 하여, 아직은 찬바람 속에 봄이 실려 있음을 알게 되곤 한다.

아저씨가 내게 주는 앵초는 '프리뮬러 폴리안사'라고 하는 서양 앵초다. 사오월이면 우리 나라 산에서도 앵초꽃이 핀다. 20cm쯤 되는 꽃줄기 끝에서 일고여덟 송이의 진분홍빛 꽃이 피는데, 프리뮬러 말라코이데스가 그와 비슷하다. '프리뮬러'는 라틴어로 '제일 먼저'라는 뜻이다. 이름에 담긴 뜻대로, 이른 봄에 빨강과 분홍, 주황, 노랑, 보라, 하양 등의 꽃을 피운다.

올해 아저씨가 준 것은 하양과 분홍빛이다. 꽃시장에 나오자마자 가져왔다며, 어서 들르라고 성화였다. '꽃 이야기' 많이 쓰라며 화분을 건네 주는 아저씨의 얼굴이 받는 나보다 환하다.

　벌써 한두 송이 꽃이 피기 시작한 화분 두 개를 안고 버스에 올랐다. 빈 자리가 있어 앉고 나니, 차가 흔들릴 때마다 소복히 올라온 꽃대가 부러질까 조심스럽다. 문득 '행운의 열쇠'라는 앵초의 꽃말이 떠오른다.

　먼 옛날 독일의 한 마을에 병든 어머니를 모시고 사는 리스페스라는 소녀가 있었다. 그녀의 어머니는 꽃을 좋아했는데, 그 중에서도 앵초를 아꼈다. 병이 깊어지면서 어머니는 유난히 앵초를 찾았다.

　눈 내린 산에 앵초꽃이 피어 있을 리 없지만, 리스페스는 여기저기 헤매다녔다. 지쳐서 주저앉았을 때, 누가 그녀의 이름을 불렀다. 분홍빛 앵초꽃으로 머리를 단장한 앵초의 님프였다. 님프는 리스페스가 원하는 것을 벌써 알고 있었다. 그녀의 머리를 쓰다듬으며, 이 길로 똑바로 가면 성이 나타나는데 거기에 네가 원하는 게 있다고 일러 주었다. 그리고는 머리에 꽂았던 앵초꽃을 하나 뽑아 주었다.

　"이 꽃이 바로 잠긴 성문을 열 수 있는 열쇠란다."

　님프가 손짓해 준 길을 따라가자, 과연 성이 나타났다. 잠긴 성문의 열쇠 구멍에 앵초꽃을 집어넣으니, 손잡이가 스르르 돌아갔다. 안에는 수려한 외모의 왕자가 있었다. 왕자는 리스페스에게 두 개의 방을 보여주었다. 한 방에는 보석과 황금이, 한 방에는 어떤 병도 고칠 수 있는 약이 있었다.

"원하는 걸 가져요."

효녀인 리스페스는 물론 약 하나만을 선택했다. 그러자 왕자는 당신은 내가 기다리던 사람입니다, 함께 가서 어머님을 구합시다 하며 기뻐했다.

내가 만일 리스페스라면 그렇게 서슴없는 결정을 할 수 있을까. 내 앞에 있는 앵초꽃이 그런 행운의 열쇠라면, 욕심내지 않고 가장 절실한 것 하나만을 고를 수 있을까.

시어머님이 돌아가시기 전에는 남편과 나와 아이 모두 열쇠를 가지고 다니지 않았다. 우리가 돌아오는 시간에 어머님이 늘 집에 계셔 주었기 때문이다. 한데, 어머님이 병으로 쓰러지시는 날부터 열쇠가 문제를 일으켰다.

대문과 현관문 열쇠는 어머님이 쓰시던 것 한 벌뿐이었다. 비상용이 한 벌 있기는 했는데 어디다 두었는지 기억이 나질 않았다. 나와 남편이 응급실로 달려간 사이, 중학생이던 아이가 돌아와서는 늦게까지 집에 들어가지 못했다.

열쇠부터 서둘러 맞춰서 한 벌씩 나눠 가졌지만 습관이 되질 않아, 먼저 나가는 사람은 그냥 나가기 일쑤였다. 열쇠 때문에 아이에게서 내게로 전화가 오고, 내가 남편에게 전화를 걸고. 몇 달이 지나서야, 열쇠는 각자 챙겨야 하는 물건으로 자리잡았다.

그 무렵에 아이가 쓴 글이 있다. '집에 오니, 아차 열쇠가 없다. 또 안 가지고 나갔다. 할머니가 계셨더라면, 아무 걱정 없을 텐데. 눈물이 난다.' 할머니의 부재를 아이는 열쇠를 통해 실감한 거였다.

어머님이 돌아가시고 학교를 그만둔 뒤, 어머니의 역할을 내가 맡고서야 비로소 알았다. 우리의 귀가길에 대문과 현관문의 열쇠가 되어 주기 위해, 어머님이 얼마나 많이 마음을 다스리셨는지.

시고모님 댁에 갔다가 아이가 돌아올 시간이 되어 더 놀지 못하고 서둘러 왔노라던 말씀을 그때는 흘려 들었다. 시골 당신의 친정어머님이 왔다 가실 때, 터미널까지 간 김에 차 떠나는 걸 보고 싶어도 에미 올 시간이 되어 헐레벌떡 돌아왔노라던 말씀 역시.

열쇠 없이 다니는 아들과 며느리와 손자가 한시나마 집 밖에서 서성일까 걱정되어, 어머님은 직장이 없으면서도 시간에 쫓기던 분이었다. 남편과 어느새 청년이 된 아들은 가끔씩 내게 말한다, 열쇠 안 가지고 나간다고.

어머님이 그러셨듯이 자기들이 돌아올 시간에 집에 있어 달라는 요구다. 그걸 받아 주기 위해 때론 나도 외출을 했다가 서둘러 돌아오곤 한다. 시계를 보며 조바심을 내다 보면, 왜 괜한 고생을 시키나 하는 불평이 터져 나온다. 그러다가는 식구들을 위해 줄곧 그러셨을 어머님이 떠올라 입이 다물어진다. 참으시던 그 마음을 이제라도 헤아리게 됐으니 다행이다.

열쇠에는 어쩌면 연다는 큰 의미 말고도, 나의 시어머님을 통해서 배운 절제라는 작은 의미도 담겨 있는지 모르겠다. 성문을 연 리스페스가 욕심을 다스리지 못해 황금이나 보석을 택했더라면, 성이 삽시간에 무너져 버리지는 않았을까.

내가 가진 앵초꽃이 그런 성문의 열쇠라면 하던 마음에 찬바람이 지나간다. 재물과 명예가 주는 안락과 환희도 아는 내가, 그보다 절박한 하나를 망설임 없이 선택할 수 있을까 하는 의구심이 들어서다. 벚꽃 모양을 한 예쁘장한 앵초꽃이 갑자기 경계의 목소리로 다가온다.

파랑새꽃

팔월이 끝나는 종이 울린다. 그건 나의 마지막 수업이 끝났음을 알리는 종소리와 같다. 오늘, 이십 년이 넘게 이어온 교직 생활을 마무리짓고 돌아왔다.

명예퇴임식은 팔월이 끝나기 하루 전인 어제 있었다. 학교 음악실에서 열린 조촐한 퇴임식에 이어, 오늘은 대학교 크라운관에서 별도의 순서가 마련됐다.

해마다 1학기가 끝날 때면, 부설 유치원과 초등학교와 남중, 여중, 남고, 여고가 참가하는 '민주시민 사례 발표대회'가 있었다. 학생들의 발표에 이어 늘 교사의 찬조 발표가 있곤 했는데, 끝으로 내가 맡게 됐다. 그 자리에 학원장님이 나와 각 학교의 퇴임 교사에게 감사패를 주기로 되어 있었다.

학생들의 발표는 질서 지키기라든가, 이웃돕기라든가 하는 생활에서의 체험을 담은 내용이었다. 그 분위기를 거스르지 않으면서, 교단을 내려서는 심경을 토로하자니 수월치는 않았다.

그 부담감은 연구수업을 앞두었을 때 이상이었다. 처음 부임하던 해의 연구수업을 시작으로, 교육청 주관 수업 연구에 교생을 위한 시범 수업까지 대여섯 차례 치르다 보니 중견 교사가 되어 있었다.

나의 마지막 수업이라고 해도 좋을 그 발표를 위해 노방으로 된 군청색 통치마와 하얀 저고리를 입었다. 가끔 입고 가면, '와, 유관순 열사 같다' 하며 학생들이 탄성을 지르던 복장이었다.

단상에 오르자, 칠백여 명이나 되는 학생들과 교사와 학부모의 눈이 일제히 내게로 쏠렸다. 몹시 떨다가도 교단에만 올라서면, 놀라우리만치 차분해지는 게 연구수업 때의 나였다. 이번에도 예외는 아니었다.

고른 숨이 되자, 목소리 또한 내 옷 빛깔처럼 차고 맑게 흘러 나왔다. 여물 대로 여문 늦가을 강물을 닮았다는 느낌까지 들었다.

"한 언덕에 어린 꽃나무가 살았답니다. 바람이 부는 어느 저녁, 새가 한 마리 날아왔습니다⋯⋯."

꽃나무는 팔로 새를 감싸 주었고, 새는 밤새도록 세상 이야기를 들려주었다. 아침이 되자 새는 다시 온다는 약속을 남긴 채 떠났고, 그 자리에선 '그리움'이라는 이름의 꽃이 피어났다. 시간이 흐르면서, 꽃나무의 팔엔 날아든 새들이 피워 놓고 간 각기 다른 이름의 꽃이 늘어갔다. '고마움, 이별, 안타까움, 믿음, 소망' 등.

바람이 불고 비까지 내리는 저녁, 날개 젖은 파랑새 한 마리가 날아들었다. 밤을 지샌 후, 꼭 돌아오겠다는 약속을 몇 번이나 하고 떠난 그 새가 피운 꽃의 이름은 '사랑'이었다.
　숱한 꽃을 피워 놓고 간 새가 돌아와 주기를 바라는 기다림 속에 꽃나무는 점차 허리가 휘어 갔다. 세상이 끝나기라도 할 것처럼 폭풍우가 몰아치는 밤, 꽃나무의 허리에 벼락이 내리쳤다. 팔에 매달린 꽃들이 흩어지며 꽃보라를 일으키는 속에서 나무는 나지막이 흐느꼈다.
　'지금, 한 마리의 새라도 돌아와 준다면……'
　"꽃나무가 눈을 감으며 서서히 쓰러져 가고 있을 무렵, 어디선가 새의 울음소리가 들렸습니다. 그 빗속에 가녀린 날개를 파닥이며 찾아온 작은 새였습니다. 내가 말하지 않아도 여러분은 이미, 그 새가 '사랑'이라는 이름의 꽃을 피워 놓고 간 파랑새라는 걸 알 것입니다."
　그 꽃나무의 이야기는 물론 내가 지어낸 게 아니었다. 초등학교 삼학년 때 담임 선생님이 내게 선물로 주셨던 책에 실려 있는, 두고두고 잊혀지지 않는 동화였다. 그것을, 더는 생겨나지 않을 나의 제자들에게 들려준 거였다. 그리고 나서 생소한 악기 이야기를 한 가지 덧붙였다.
　"흙으로 빚어서 구운, 거위 입 모양을 한 오카리나의 소리를 들어 본 적이 있습니까?"
　『설원의 월』이라는 영화에는 피리의 역할을 하는 오카리나의 소리가 나온다. 열여섯 살밖에 안 된 월이 건장한 어른들과 겨루는 열흘이 넘는 썰매타기 경주에서, 지쳐 가는 개들을 끝까지 뛸 수 있게 한 힘은 바로 개를 믿으라며 돌아가신 아버지가 남겨 준 오카리나의 소리였다.

그 영화의 끝에서 채찍으로 개를 몰던 사람은 결국 개에게 물려 죽는다. 그러나, 눈 덮인 들판을 일직선으로 가르는 오카리나의 맑은 소리를 신호로 개들을 몰며, 힘에 부쳐 쓰러진 어른을 구하기까지 한 월은 당당히 승리한다.

"사랑의 꽃을 피운 파랑새와 오카리나의 소리가 그랬던 것처럼, 큰 것만이 세상을 밝히는 것은 아닙니다. 남을 돕는 마음이나, 은혜를 입었을 때 그것을 다른 누군가에게 갚으려는 마음이야말로 작지만 큰 힘이 될 것입니다."

끝나는 종에 딱 맞추어 내용을 마무리짓곤 했던 지난 날의 연구수업에서처럼, 나의 마지막 수업 또한 명확하게 말을 맺었다.

문예장학생으로 입학해서 졸업하고, 바로 부설 중학교에 부임해 이십이 년을 머문 그 시간까지 학원장님께는 큰 은혜를 입은 나였다. 그에 대한 보답으로, 선한 일을 한 학생에게 줄 수 있도록 장학금 한 꼭지를 마련했다.

가슴에 걸린 자책감 한 줄기가 있다면, 형편이 어려운 학생들의 납부금을 그때그때 선뜻 내주지 못하고 독촉만 했던 기억. 작은 장학금은 그에 대한 뒤늦은 보속이기도 했다.

허전하기보다는 교직 생활의 긴 끝을 잘 맺었다는 흡족함에 오히려 가슴이 벅찬 오늘. 팔월이 끝나는 종소리를 들으며, '꽃과 오카리나' 그 마지막 수업의 내용이 이제는 내 삶의 주제가 되어야 할 구월임을 생각한다.

산부추꽃

밭에서 나는 부추의 꽃은 하얀 색이다. 시어머님이 살아 계실 때, 당신의 친정집 밭에서 나는 부추를 캐다가 화분에 심으신 적이 있다. 특이한 냄새가 나는 납작하고 길쯤한 이파리를 먹는 채소로만 여겼는데, 여름 되면서 꽃이 피자 신기했다.

빳빳하게 올라와 차츰 옆으로 눕는 이파리들 사이에서, 가늘지만 곧은 꽃줄기가 몇 대 올라왔다. 그 끝에 달린 작은 꽃자루에서 하얀 꽃이 촘촘히 피어나 반원의 모양을 이루니, 화초로도 손색이 없었다.

교직에서 물러나면서, 밭부추꽃이 나와 연관되었다는 생각이 들었다. 퇴임식 날 받은 공로패가 그 실마리였다. 누구의 착오인지, 유리로 만든 그 패의 내 이름 한자가 틀렸다. 음은 맞는데, 가운데 자인 '靜'이 '貞'으로 박혀 있었다. 담당했던 분이 미리 확인을 못 해 미안하다며, 두고 가면 수정을 해서 보내겠다고 했다.
 모든 걸 마감하고 떠나는 마당에 번거로운 게 싫어서, 그러마 하고는 그냥 가지고 왔다. 받을 때는 몰랐는데 돌아와서 다시금 들여다보니, 그 패의 주인이 내가 아닌 듯했다.
 '1979년 3월 2일 경희의 배움터에 첫발을 내디딘 이래, 22개 성상을 투철한 교육관과 애교심으로…….' 공로패 문안의 '투철'이니 '애교심'이니 하는 내용이야 미화된 것이라 쳐도 앞부분의 경력은 틀림없는데, 이름자 하나가 바뀌니 생소한 느낌이었다.
 물론, 가르치는 일을 그만두면서 전과는 판이하게 살리라 생각은 했다. 퇴직이라는 게 목숨이 지고 새로 피는 과정도 아닌데 무슨 다음 생이 되기야 할까마는, 그 동안의 생활 습관과 사물이나 사람을 대하는 눈까지 완전히 바꿔 다른 삶을 이어가고 싶었다.
 돌아보면, 내가 교직을 떠나면서 한 생의 마무리라고 느끼는 것도 무리는 아니었다. 대학 졸업을 채 하기도 전에, 급히 국어과 강사를 의뢰받은 지도 교수님을 따라 한 학원에 속한 중학교의 교무실에 발을 들여놓은 뒤, 정식 발령을 받아 그곳에서만 이십여 년이었다. 그 교수님은 글짓기 당선으로 국문과에 들어간 나를, 교사가 되기에 앞서 수필가로 키워 준 분이기도 했다.
 같은 학원 내라고 해도 몇 년에 한 번씩은 여중과 남중의 교류가 있기 마련이었는데, 나는 한 번도 자리 옮김을 하지 않고 그대로 머물다가 옷을 벗었다. 여러 사람 중에 나와 같은 예는 지극히 드물었다.

　공교롭게도, 왜 가르치는 이로서의 그 기간을 기리는 공로패에 내가 아닌 듯이 여겨지는 이름이 새겨졌을까. 그 동안 나는 정말, '고요할 靜' 대신 '곧을 貞'의 자세로 살아온 건 아니었을까.

　남학생을 다루는 게 고요함을 지닐 수 있는 생활은 아니었다. 늘 입을 열어야 하는 정도가 아니라, 나중엔 평상말이 아예 반소리높임으로 굳어졌다. 하지만, 대강은 안 통하는 선생님이라고 학생들이 붙여 준 '칼날'이라는 별명이 끝무렵엔 '쌍칼날'로까지 승격되었으니, 곧음을 잃지는 않았다는 뜻일 게다.

　그 안에서 항상 미루고 있는 숙제처럼 남아 있는 게 있었다면, 쓰는 작업의 미진함이었다. 반짝 머리를 스치는 게 있어 원고지를 대할라치면 시작종이 나고, 수업을 마치고 나오면 기력이 남아 있지 않았다. 그 갈등의 골이 건너지 못할 만큼 깊어지기 전에, 가르치는 일을 그만두자는 게 몇 년 전부터의 다짐이었다. 스스로 생각해도 교사로서는 비교적 올곧았다고 여겨지니, 틀린 이름자 '貞'이 오히려 맞는다는 생각이 들었다.

　산에서 나는 부추의 꽃은 붉은 빛이 도는 보라색이다. 밭부추에 비해 키가 약간 크고, 이파리의 모양새 또한 비슷하지만 그처럼 무성하게 나지는 않는다. 역시 납작하고 길쭘한 이파리들 사이에서 꽃줄기가 올라와, 그 끝에 달린 꽃자루에서 보라색 꽃이 둥글게 뭉쳐 피어나 원형을 이룬다.
 시어머님의 산소로 향하는 길의 풀섶에서 두 대 정도 나와 핀 산부추꽃을 발견한 것은, 퇴직을 하던 해 가을이었다. 어디를 가든지 꽃을 잘 찾아내는 내 눈에도 그 꽃은 아주 새로웠다. 꽃줄기 끝에 연보라색 작은 꽃이 촘촘히 박혀 공 모양으로 피는 알륨이라는 꽃을 닮기는 했는데, 산길에 피어 있어선지 화사함보다는 젖은 흙 냄새가 배어 있는 차분함이 느껴졌다. 그 꽃이 산부추꽃이라는 걸 나중에 알게 되자, 채소로만 여겼던 밭부추꽃을 보았을 때보다 몇 배 신기했다.
 시할아버지와 시할머니의 산소가 함께 있어, 시집온 뒤 시어머님을 따라 이십 년 가까이 오르던 길인데. 전에는 한 번도 눈에 띄지 않던 그 꽃이 어째서 그 무렵에야 보여졌는지, 공로패의 바뀐 이름자처럼 생각의 실마리가 됐다.
 학교를 그만두면서 앞으로는 글쓰는 일에만 전념하면 된다고 홀가분해 했지만, 막상 그런 생활의 울 안에 드는 것도 수월치는 않았다. 내 지식의 대부분을 누구에겐가 전달하는 일에 하도 젖어 있다 보니, 이제는 그러지 않아도 된다는 게 실감나지 않았다. 지식을 건네다 보면 느낌이나 사고까지 함께 실어 보내기 다반사였는데, 글로 써내야 할 것을 말로 날려 버리고 있는 게 아닌가 해서 몹시 아까워한 적도 있었다.
 나 홀로 작업에 얼마든지 몰두해도 좋은 생활로의 전환이 이루어졌다는 걸 오롯이 받아들이게 된 건, 퇴직한 지 일 년 가까워서였다. 내적인 조용함에 길들어 가고 있는 이즈음에야 비로소, 내 이름자인 '靜'을 찾는다는 느낌이 든다.

하얀 색으로 피는 밭부추꽃 안에 가르치는 몸짓으로 늘 곧게 서고자 했던 '貞' 자의 내가 있고, 붉은 보라색으로 피는 산부추꽃 안에 외따로여서 고요해지는 마음으로 글을 쓰고자 하는 '靜' 자의 내가 있다면, 지나친 의미 부여가 될까.

보통 이 생에서 받은 목숨이 끝나야 다음 생으로 넘어간다고들 한다. 나는 단지 긴 기간의 교직 생활에서 작가만의 생활로 그 방향을 바꾼 것이니, 이파리와 줄기의 모양은 같고 꽃빛깔만을 달리 하는 밭부추꽃과 산부추꽃에 빗대어도 괜찮을 듯하다. 다만, 전에는 밭부추꽃의 하얀 정결함에만 마음이 쏠렸으나, 이제는 산부추꽃의 붉은 보라색이 지닌 원숙함으로 우물 속처럼 깊어지고 싶다.

자배기 수련

　팔월이 또 한 번 마침표를 찍었다. 학교를 그만두고 집에서만 생활한 지 꼭 일 년. 스스로 이름 붙인 안식년의 마지막 문장도 마침표를 찍었다.
　"이제야 비로소 수련을 닮는구나."
　교단을 내려서면, 물속도 물밖도 아닌 수면에 이파리를 펼치는 수련처럼 편안한 마음이 될 줄 알았다. 수면에 떠서 핀 흰 꽃송이라도 당장 가슴의 연못에서 보게 될 줄 믿었다.
　이삼 년 전부터, 절여지지 않는 언어로 글쓰는 일에만 전념하고 싶다는 생각에 수업을 하다가도 멈춘 적이 더러 있었다. 자연스레 벋기를 원하는 감정의 넝쿨들을 교사라는 위치가 주는 부담감의 가위로 더는 잘라내고 싶지 않았다.
　하지만, 가야 할 때가 언제인가를 알고 가는 여인이 되겠노라는 인사말로 학교를 물러 나왔다고 해서 될 일이 아니었다. 교사라는 이름을 벗고 나서야 알게 됐다.

그 동안 교단의 높이 만큼 올라서서 주변을 내려다보고 살았다는 사실을. 꼭 그 높이만큼의 오만함으로 내가 맡은 학생들과 그 부모를 대했었다는 것을. 언어를 다룬다는 사람이 그간에 써온 말들은 또 얼마나 거칠고 위협적인 것이었는지. 나보다 키가 큰 남학생을 다루느라 그럴 수밖에 없었다는 변명 외에는 갖다 댈 것도 없었다.

그 차가운 인식들이 허리에 매단 납덩이가 되어, 남보다 조금은 돋보이는 모습으로 살아왔다는 자긍심마저 물속으로 끌어내렸다. 차라리 한 해를 놓고 쉰다는 쪽으로 마음먹으니 편했다. 아직도 시계를 보면 몇 교시가 끝났겠구나 할 정도로 몸에 밴 일관데, 그만큼의 시간은 반대로 써야 풀려나지 않겠나 싶었다.

그러면서 겨울을 보내고 난 삼월의 어느 날. 불현듯 그곳이 떠오른 건, 거기에 수련이 피는 연못이 있어서였을까. 초여름이면 바닥에 깔린 그 흙에선 여러 가닥의 줄기가 나와 녹빛 이파리를 수면에 띄우곤 했다. 여러 등분한 원의 한 조각이 살짝 빠진 채 생겨난 듯한 말발굽 모양의 윤기나는 이파리들 사이에선, 꽃잎이 겹겹이 붙은 흰 봉오리가 올라와 살그머니 벌어졌다. 노란 꽃밥을 가슴 한가운데 안고 피어나는 수련이었다.

그 꽃이 물 위로 이파리와 꽃대를 내밀어 피는 연꽃과 다르다는 걸 가르쳐 준 이는 머리 희끗희끗한 국어 선생님이었다. 저녁이 되면 잎을 오므려 잠을 자는 꽃이기에, 수련(水蓮)이 아닌 수련(睡蓮)이라고 한다는 걸 일러 준 이 또한 그분이었다.

　고운 자태이기는 해도 가까스로 턱을 물낯에 대고 피어난 것처럼 숨가빠 보이는 그 꽃이, 단발머리인 내게는 탐탁치 않았다. 거기다, 물속도 물밖도 아닌 수련의 그 치우치지 않은 자리 정함에 평상심(平常心)이란 의미까지 부여하는 데는 답답함마저 느껴졌다.

　"평상심이란 무엇을 꽉 끄러쥐고 있지도, 탁 놓아 버리지도 않은 보통 때 마음이다. 점심녘에 꽃잎을 펼쳤다가 어둑어둑해지면 하루를 접는 수련은 낮과 밤의 이치 또한 몸에 익힌 꽃인지 모른다."

　평상시나 평소나 평일에 담긴 따분한 느낌보다는 일탈이나 파격이 지닌 색다른 느낌 쪽에 마음이 쏠리던 게, 그 무렵의 나였는데. 마흔의 중간에 선 나이가 되고 나니, 수련에 대한 눈이 어느새 달라져 있었다. 물 위에 올라선 자세로만 살다가 오히려 물 아래로 내려가 버린 양이 된 내게, 노선생님이 일러 주던 평상심의 의미는 더할 나위 없는 경계였다. 일전에, 물밖에서 피는 꽃과 물속에서 피는 꽃에 대한 집착을 다 버릴 때도 그것이 경계가 됐었다.

　산에 오르면서는 뭍에서 피는 꽃에만 지나치게 매료되어 있었고, 바다에 뛰어들면서는 바다 맨드라미라는 물꽃—연산호만이 최상의 아름다움을 지닌 듯이 빠져들었다. 그러다가 등산을 할 여건도 스쿠버 다이빙을 할 여건도 모두 잃게 되자, 뭍꽃과 물꽃에 대한 애착 또한 거둘 수밖에 없었다. 내 어리석음의 소치가 부끄러워 꺾어진 목을 하고 다니다가, 다시금 고개를 든 날. 물밖도 물속도 아닌 물의 표면에 일상의 꽃이 피어나 있음을 보고는 놀랐다.

이번 역시 한시라도 빨리 그런 평정에 이르고 싶은 마음에, 사월 들자마자 수련을 구하러 꽃시장엘 갔다. 수련이 피는 연못을 만들 만한 뜨락은 없으니, 둥글넓적하고 입이 벌어진 자배기에 진흙을 퍼담고 애기수련이나마 키워 볼까 해서였다. 황해도 장산곶에서 나는 꼬마 수련을 따로이 각시수련, 또는 애기수련이라 한다고 들었는데, 꽃시장에 딱 한 군데 나온 작은 이파리들의 수련이 그것인지는 몰라도 자배기에 키우기엔 안성맞춤이었다.

심을 때 줄기에 매달려 있던 꽃봉오리 몇 개는 동전보다 좀 큰 얼굴을 며칠 폈다 오므렸다 하다가 져 버렸다. 하지만, 앞면은 녹빛이고 뒷면은 자줏빛인 이파리는 연이어 물속 줄기에서 나와 그 반들반들한 손바닥을 폈다. 나올 때는 손가락을 오므린 모양으로 잠깐 물밖에 솟았다가도, 금세 그 줄기를 늘어뜨리며 수면을 향했다.

자배기 수련을 들여다보며 지나친 당당함도 움츠러듦도 아닌 평상심을 배우려 애쓰다 보니, 어느새 팔월의 끝이다. 더는 물밖과 물속을 들락거리지 않고 물낯에 마음을 띄울 자신이 생겨, '감히 수련을 닮게 됐다'고 쓸 수 있으니 얼마나 다행인지 모르겠다.

동자꽃 스님

묵주 반지를 낀 내가 혜담스님 일에 적극적인 걸 보고 의아해 하는 이들이 있다. 어떻게 만나게 되었는지부터가 궁금한 모양이다.

이 년 반 전의 그날이 오월 넷째 주 토요일인 것만은 확실하다. 문예반을 데리고 인사동으로 전일제 특활을 하러 갔었다. 팔월 말에 퇴직을 앞두고 있던 터라, 내게는 마지막 야외수업이었다. 삼십 명쯤 되는 학생들을 데리고 그곳에 가서 찻집 이름을 둘러 보게 하고, 그 중에 마음에 드는 걸 하나씩 골라 이유를 써서 제출하라고 할 예정이었다.

스님과의 만남이 이미 예고되어 있었다는 걸, 그날 거기 가서야 알았다. 전날, 신문 문화면에 고려 불화를 재창현한다는 그분의 기사가 실렸는데 마음이 끌렸다.

"본인이 토굴에서 수행 정진하던 어느 날 새벽, 관세음보살님을 친견하고 그림을 그리기 시작한 것이 인연이 되어 고려 불화 재현 작업에 몰입한 지 어언 이십 년입니다. 하루 열 시간 이상을 꼬박 작업해도 한 작품을 완성하기까지는 칠팔 개월이라는 시간이 걸립니다. 수전증으로 인해 떨리는 손으로도 그 정교하고 섬세한 표현이 가능한 것은, 고려시대 화승들의 혼이 내 안에 살아 있기 때문일 것입니다."

 함께 실린 사진으로 보아서는 비구 스님인지 비구니 스님인지 구분이 안 갔다. 계태사라는 절도 이름으로 보아서는 충청도 어느 산골에 있을 듯해, 만나 뵙기는 힘들겠구나 하고 말았다.

 문예반을 데리고 인사동에 갔을 때는 비가 내렸다. 공사중이라 포크레인이 오고가고 길까지 질척거려 도저히 학생들을 풀어 놓을 수가 없었다. 찻집 이름 찾기고 뭐고 다 접어둔 채, 경복궁 민속 박물관에나 들여보낼 요량으로 안국동 쪽으로 데리고 갔다. 육교를 건너다 보니, 백상기념관 벽에 걸린 현수막이 눈에 들어왔다. 바로 그 스님의 전시회를 알리는 내용이었다.

 우리 저곳부터 관람하자며 들어간 일층 전시실엔, 상당히 큰 아미타좌불도며 아미타삼존도며 미륵 하생경 변상도며 수월관음도 등이 걸려 있었다. 비단에 채색을 하고 금가루를 개어 일일이 문양을 그려 넣었다는 안내자의 설명을 듣자니 감탄이 절로 나왔다.

 이층 전시실에서 마주친 스님의 모습은 예상과는 달랐다. 풀 먹인 먹물빛 삼베옷을 입었음에도 불구하고 연약해 보이는 몸체였다. 뺨 또한 발그레해서 소녀 같은 느낌을 주었다.

그런데, 합장을 하며 '어서 오십시오' 하고 입을 열자 믿어지지 않을 정도의 탁한 음성이 새어 나왔다. 삭발은 했지만 흰머리의 언뜻언뜻 보임과 거칠고 굵은 목소리가 주는 힘이 정진한 세월을 가늠케 했다.

"국교가 불교였던 고려시대에 그려진 불화는 왕족과 귀족들의 생활상이 담겨 있어 화려하고 위풍당당합니다. 여러 화공들이 창출해낸 구도와 인물 배치, 색감과 문양들은 감탄을 금할 수 없을 만큼 아름답습니다. 다만, 우리가 그 문화 유산을 지키지 못해 100여 점 남아 있는 원화들이 대부분 남의 나라로 유출되었습니다. 정작 우리는 대할 수 없다는 사실이 안타까워서, 이 빈승이 재창현 작업에 매달린 것입니다."

가슴이 떨리도록 매료된 것은 정작 나여서, 학생들을 경복궁에서 돌려 보내고는 다시 찾아갔다. 그리고 학교를 나온 후, 의외로 수원에 있어 찾아가기가 용이했던 그 절에 가서 기어이 제23 천성존자를 그린 오백나한도 한 점을 모셔 왔다. 나한(羅漢)은 불교에서 온갖 번뇌를 끊고 깨달음의 경지에 도달한 성자를 가리킨다.

스님이 신도 한 분과 와서 직접 내 방에 걸어 주고 가신 그림을 보고 있노라면, 그 속으로 빨려 들어가는 듯하다. 주황빛이 전체에 깔려 붉은 노을을 연상시킨다. 황천으로 향하는 길에 다리를 쉴 겸 바위에 걸터앉은 나한님 앞에는 합장을 하고 선 동자가 있다. '마지막 가르침을 주고 가소서' 하는 표정이다. 걸터앉은 나한님의 얼굴이 스님과 어찌 그리 닮았는지, 내가 그 동자가 된 듯한 착각까지 든다.

어떤 때는 화면 전체가 만발한 동자꽃으로 보일 때도 있다. 여름날 우리 나라 산에서 피는 동자꽃은 끝이 갈라진 다섯 장의 주황빛 꽃잎이 주는 색감이 매우 강하다. 스님께서도, 이건 힘이 넘칠 때 그린 거라고 하신다. 여러 점의 불화 중에서 유독 내가 마음을 빼앗긴 까닭도, 스님의 개인적인 예술혼이 짙게 배어 있다는 느낌 때문이었다.

회갑을 바라보는 연세임에도 스님을 뵈면, 그 표정이나 몸놀림이 얼마나 천진스러운지 동자승을 보는 듯하다. 옛날 노스님과 살던 동자가, 스님이 식량을 구하러 갔다가 눈 때문에 길이 막혀 오지 못하자 혼자서 떨다가 죽었다. 그 동자의 무덤가에서 피어난 꽃이 동자의 뺨처럼 붉어 동자꽃이라 했다고 한다. 그 동자가 고려 화승으로 다시 나고, 또 혜담스님의 혼이 되어 저 동자꽃 빛깔의 나한도를 완성시킨 건 아닐까.

그후 나는, 부산서 열리는 스님 전시회에도 따라 내려갔다. 지난 봄 수원에서 열린 '고려 불화 특별전'에는 아예 큐레이터 역할을 맡아, 보름간을 오가며 스님께 들은 대로 관람객들에게 설명을 했다. 간혹 내 손가락에서 묵주 반지를 발견한 사람들이 의아한 눈빛으로 쳐다봤다. 그러면, 그 날 인사동을 거쳐 안국동에서 맺어진 인연을 되풀이해 들려주며 빙그레 웃었다.

금계국과 석등

　그분의 묘소에 가서야, 얼마 전 내 꿈의 의미를 알았다. 까만 비석 앞에 피어 있는 한무더기의 진노랑 금계국을 통해서였다.
　꿈에선 여러 명의 여자들과 어둑어둑한 산길을 오르고 있었다. 다들 입을 다물고 있어서, 어둠이 더 빨리 내리는 듯했다. 한참을 오르자 나무들 사이로 산사의 처마가 언뜻언뜻 보였다. 이내 앞이 트이면서 저만치 불이 밝혀진 석등(石燈)이 나타났다. 석등은 산사의 뜨락을 환히 비추고 있었다. 석등이 눈에 띄는 순간, 여자들의 걸음걸이가 빨라졌다. 앞에서 걷던 나도 마찬가지였다.
　'저것 때문에 산을 오른 거였구나.'
　그 생각이 머리를 스침과 동시에, 온 힘을 다해 뛰기 시작했다. 다행히 석등에 제일 먼저 손이 닿았다. 오른팔로 잽싸게 길쭉한 몸통을 잡아당겨 품에 안아 버렸다. 등 뒤에서

'놓쳤구나' 하는 탄식들이 터져 나왔다. 뒤늦게나마 석등을 차지하려는 손들이 내 어깨 너머로, 가슴께로 덮쳐 왔다.

그걸 뿌리치며 석등을 더욱 힘주어 끌어안고 나서야, 그 안에 촛불이 켜져 있다는 걸 알았다. 그런데도 뜨겁지 않은 게 이상했다. 위에 얹은 돌뚜껑과 기둥 사이의 몸통이 그리 쉽게 빠진 것도 신기했다. 게다가, 내가 해놓고도 나의 행동이 도무지 믿어지지가 않았다.

평소에 무슨 물건을 놓고 남과 그악스럽게 다투어 본 적은 없었다. 욕심이 없어서가 아니라, 다부지게 손을 내밀어 차지할 만한 배짱이 없어서였다. 뭔가를 가지기 위해 악착스럽게 군 적이 없는데, 꿈 속에서 석등을 그렇게 차지했다는 건 의아한 일이었다. 불 켜진 석등이 얼마나 탐났으면 그렇게까지 했나 하는 생각도 물론 들었다.

모양이 떠오르는 석등이라면 부석사 무량수전 앞 뜨락에서 본 것뿐인데. 일주문에서 천왕문과 범종루와 음향각과 안양루를 거쳐 무량수전에 이르는 길이 오르막이었으니, 그 기억이 꿈에서의 산길로 나타난 것일까.

그 석등은 연화 무늬가 들어간 하대석 위에 기둥에 해당하는 간주석이 있고, 그 위에 또 연화 무늬가 있는 상대석이 있었다. 사천왕상이 새겨진 팔각형의 화사석과 촛불을 켜서 넣는 화창으로 된 몸체가 그 위에 놓이고, 뚜껑에 해당하는 옥개석과 보주가 덮여 있었다.

석등은 어두운 금당의 뜰을 환하게 함과 동시에, 불상과 탑과 더불어 조형물로서의 역할도 한다. 또한, 정신의 불을 밝혀 어리석음을 몰아내고 깨달음에 이르게 한다는 의미도 담겨 있다.

　부석사에 다녀올 무렵부터 벌써 이 년째, 글이 써지지 않아 바작바작 마르는 가슴이었다. 아이들 가르치는 일을 접고 나서는, 이제 글쓰기밖에 남지 않았다는 조바심까지 겹쳐 감정의 연못이 바닥을 드러내기 직전이었다. 거기에서 벗어나고자 하는 마음이 불 켜진 석등을 끌어안는 꿈을 꾸게 했다면, 그건 좋은 예감이었다.

　마석에 있는 모란미술관에서 열리는 조각 전시회의 초대장을 받은 건, 그로부터 한 달쯤 지난 뒤였다. 그걸 받고 먼저 떠올린 게, 그분이 누워 계시는 미술관 옆의 모란공원이었다. 전시회에 가는 길에, 그분의 묘소에 먼저 들를 양으로 흰장미를 한다발 샀다. 칠팔 년 만에 찾아가는 길이라, 괸리하는 사람들에게 몇 번이나 물어서야 그분 앞에 섰다.

　세로로 세워진 단촐한 비석에서 '약전(藥田)'이라는 그분의 호를 확인하는 순간, 눈물이 어려 왔다. 그런 내 눈앞을 환하게 하는 건 장명등(長明燈)의 불빛이 아니라, 비석 옆에 핀 금계국 한무더기였다. 북아메리카 남부가 원산지로 마치 노랑 코스모스처럼 보이는 그 꽃은 꽃잎의 노란빛이 얼마나 진한지, 초여름 오후의 내리쬐는 햇살 속에서도 등불을 연상시켰다.

　장명등은 능묘 앞에 세우는 석등을 이르는 것으로, 죽은 이의 명복을 비는 의미가 담겨 있다. 구조 역시 받침대와 기둥과 촛불을 넣을 수 있는 몸체와 삿갓 모양의 뚜껑으로 되어 있다. 관가나 주택의 마당에 세우는 등도 때로는 그렇게 불렸다. 조선 시대 분묘의 장명등은 돌아간 이의 신분을 나타내 주는 것으로, 일품(一品) 이상의 지위에 있었던 사람에게만 세울 수 있었다.

대학 강단에 선 것만 사십 년이 넘는 원로 사학자였던 그분이야말로—신사참배 거부로 교직에서 해임되기도 하고, 바른 소리를 하는 교수로 지목되어 고초를 겪으면서도 양심의 소리를 멈추지 않았던 지식인이었으니—정신의 품계로라면 일품이 되고도 남았으련만. 벼슬을 한 사람에게만 세운다는 갓을 씌운 비석은 두고라도, 노랗게 핀 금계국 한무리가 장명등을 대신하고 있는 거였다.

"살아 계실 때도 대쪽 같은 성정이시더니, 돌아가신 뒤 역시 허세로 보일 만한 것은 허락을 아니 하시는구나."

대학교 삼학년 때 '서양사상사' 강의를 들은 뒤로, 그분은 내게 삶의 이정표 역할을 해주셨다. 대학을 졸업하고 중학교 교사로 나가겠다고 했을 땐, 몹시 아쉬워하셨다. 그래도 학자가 될 성향이 있다 했더니, 공부가 하기 싫구나 하며 역정을 내기까지 하셨다.

그때 난 학문 대신 좋은 글을 쓰는 데 전념하겠다고 다짐드렸었다. 그게 벌써 이십여 년 전이고, 그분이 가신 지도 십오 년인데, 과연 그 약속을 지켰나 하는 자책감이 인다. 지금 내게 '그래, 얼마나 좋은 글을 많이 썼나?' 하고 물으신다면, 무어라 대답드릴 수 있을지. 그 속에서 문득 생경한 생각이 스쳐 간다.

나로 하여금 산사의 불 켜진 석등을 가지게 한 건, 생사의 경계를 잠시 넘어온 그분의 안쓰러운 손길이 아니었을까. 살아 계실 때도 부족한 나를 아끼셨으니, 꿈에서나마 그 석등을 차지하게 함으로써 어둠이 깔린 내 마음의 뜨락을 밝히려 하셨는지 모른다.

"맥빠져 있지만 말고, 정신의 일품에 도달할 생각을 품어라. 그래야 훗날 외양뿐인 장명등 대신, 꽃수필 내내 써온 사람답게 저 노란 꽃으로 안식처를 밝힐 수 있지 않겠나."

내 발걸음이 아직은 이승에 머물러 있으니, 그 북돋움의 말씀이 능묘의 장명등이 아닌 산사의 석등으로 안겨 온 것이었나 보다.

크라슐라꽃 맘

고마움으로 해서 좋아지는 이가 있다. 수필을 쓰는 한 선생님이 내겐 그런 사람이다. 문단에 얼굴을 내민 지 꽤 되지만, 절친한 문우라고는 그분뿐이다. 대학교에 입학하면서 바로 수필가이신 교수님께 지도를 받았기 때문에, 나는 등단이 매우 빨랐다. 하지만 추천 완료가 곧 작가가 됨을 의미한다는 것조차 잘 몰랐다. 열 번 이상 까다롭게 지적받던 작품들이 통과되었다는 것만으로 기뻤다. 그래서 사실상의 활동은 몇 년이 지나서야 이루어졌다.

나보다 열 살 위인 한 선생님을 처음 만난 건, 십오 년 전쯤에 『뿌리를 내리는 사람들』이란 수필 선집을 내면서였다. 『한국수필』로 추천된 수필가 여덟 명이 모여 만든 책이었다.

그 책이 나왔을 때, 한 선생님은 담석을 제거하는 수술로 입원 중이었다. 책을 내면서 처음 얼굴을 대하게 된 나머지 분들과 함께 병문안을 갔다. 환자복을 입은 모습이 여자치고는 커 보였다.

 다음 해 여름, 포항에서 열린 한국수필가협회 세미나에서 그분을 다시 만났다. 출발 장소에 모인 사람들은 서로 인사를 나누느라 부산했지만, 나는 한쪽에 비켜 서 있었다. 한 선생님이 그런 나를 먼저 알아보며 반색했다. 내려가는 차 옆자리에 앉기 시작하면서부터 내내 붙어 다녔다. 한 선생님은 나보다는 등단이 뒤였지만, 작품 발표도 많았고 활동적이기도 해서 아는 이가 많았다.

 내가 선배처럼 따르겠다고 하니, 무슨 소리냐며 손을 내저었다. 문단의 선후배는 추천 연도로 가늠하는 것이니, 당연히 자기가 후배라는 거였다. 선배니 후배니로 옥신각신하는 실랑이는 지금도 이어진다.

 하루를 자고 오는 세미나 일정 동안 마음의 문이 쫙 열렸다. 하지만, 돌아와서는 금세 제자리였다. 내가 학교에 나가다 보니, 낮시간에는 길게 이야기 나눌 겨를이 없었다. 짬이 안 나기는 집에서도 마찬가지였다. 어쩌다 짤막한 안부 전화도 한 선생님의 전화 메모를 받은 뒤였다.

 내 친정어머니가 고혈압으로 쓰러지신 건, 그 다음 해 겨울이었다. 뇌출혈로 상태가 나빠 중환자 대기실에서 울며 며칠 밤을 새웠다. 기온까지 갑자기 내려가 영하 20℃를 밑돌았다. 온돌방으로 된 대기실 구석에 웅크리고 앉아 있는데, 누군가 부르는 소리가 났다. 방학을 한 직후라 학교 선생님들이 알 리도 없었다. 의아해서 눈을 드니 생각지도 않은 한 선생님이었다. 입술이 퍼런 게, 서울에서 인천 기독병원까지 찾아오느라 얼마나 떨었는지 알 만했다. 전날 우리 집에 전화를 했다가 시어머님께 들었다고 했다.

그런 한 선생님을 대하노라니 고맙기보다 오히려 미안했다. 전날 의례적으로 병문안을 갔던 나와, 사방에서 수도관이 얼어 터지는 날씨에 그곳까지 찾아온 한 선생님과는 마음가짐이 달랐다. 그때 몸을 녹일 차라도 한 잔 사드렸는지는 기억이 나지 않는다. 다만, 그 고마움이 두고두고 훈훈함으로 남았다.

한 선생님이 선배처럼 나를 데리고 수필가 모임에 나타나면, 이제는 다들 그러려니 한다. 다만, 성향이 다른 두 사람이 어찌 저리 가까울 수 있나 하는 표정은 여전하다. 내가 보기에도 한 선생님과 나는 외양에서부터 다르다.

그분이 넉넉한 몸매에 활기 넘치는 표정이라면, 나는 아담한 몸매에 차분한 표정이다. 안경을 끼다 보니 눈빛이 차갑게 느껴진다는 말도 듣는다. 무엇보다 선생님에게는 열정을 표현할 힘이 있는데, 내게는 항상 생각뿐이다. 어느 축하 모임에서 장미를 한 송이 입에 물고 춤추는 모습을 보고는 적잖이 부러웠다.

외양은 달라도 마음의 빛깔이 비슷하다는 것, 그래서 서로 좋아할 수 있다는 게 그분과 나의 생각이다. 당장은 손해가 나도 할 도리는 해야 하고, 한 번 맺은 인간 관계의 의리는 반드시 지켜야 한다는 것.

이 년 전 가을엔 한 선생님의 친정어머님이 돌아가셨다. 인천도 아니고 지독히 춥지도 않았는데, 내가 오후 수업을 당겨서 하고 문상을 가자 퍽 고마워했다.
 내가 학교를 그만둔 요즘은 전화도 길게 하고 비오는 인사동 거리에서 만나 오래 차도 마신다. 마음의 담이 없어져, 아무에게도 하지 않은 이야기를 나눌 정도가 됐다. 트인 마음에 대한 답으로 칠보 장식이 달린 목걸이를 사드렸다.
 하도 집에 놀러 오라길래 갔더니, 파피루스에 그려진 이집트 그림을 내놓았다. 그리고는 베란다 화분에서 크라술라 몇 포기를 쑥쑥 뽑아 주었다. 남편이 브라질에서 가져온 거라며, 꺾꽂이를 해 키워서는 여기저기 나누어 주었다고 했다.
 크라술라는 케이프 타운이 원산지로 되어 있는 돌나물과의 잎을 주로 보는 관엽식물이다. 도톰한 연초록빛 이파리가 육질로 비대해진 다육식물이기도 하다. 이파리에 물을 저장하는 힘이 있어 건조해도 잘 자란다. 그 이파리가 내 눈에는 꼭 한 선생님의 도톰한 귓밥으로 보였다. 복스러움이 담겨 있는 귓밥, 자기 것을 선선히 나눠 주는 마음이 담겨 있는 귓밥으로.
 오늘 아침 그분에게서 연락이 왔다. 1m 정도 커서 나무처럼 보이는 선생님 댁 크라술라에서 꽃이 피었다고, 기쁨에 찬 목소리다. 줄기 끝의 이파리 새에서 꽃대가 올라와, 별모양의 작은 흰꽃이 두 송이 피어났다고 한다. 꽃보기가 귀하다고 들었는데, 상서로움의 징후였으면 좋겠단다. 한 선생님이 내게 나누어 준 크라술라에서도 언젠가는 꽃이 피어날까. 그때면 나도 그분처럼 크라술라꽃 마음이 되어 넉넉함으로 주변 사람들을 대할 수 있었으면 하는 바람이다.

2부 메꽃과 다시마

겹벚꽃 아가씨들 | 메꽃과 다시마 | 병아리 꽃나무 합창단
배꽃 핀 농장 | 해바라기 묵상 | 박꽃과 바가지 | 토끼풀꽃 반지

겹벚꽃 아가씨들

에드몬드 수사님.

어느덧 삼월. 출근을 하기 위해 늘 오르는 언덕길을 걷고 있노라니, 어디선가 속살거리는 소리가 연신 귓가에 와닿네요. 누가 지나가나 싶어 옆을 보지만, 아무도 없어요. 등교 시간이 아직 일러서인지 저만치 서너 명의 아이들이 올라가고 있을 뿐.

잘못 들었구나 하며 다시 발걸음을 옮기는데, 소리는 또 들려와요. 이상해서 걸음을 멈추고 고개를 휘휘 돌려 보다가 길 양쪽에 줄지어 선 나무들에 눈이 갔지요. 그제서야 '아하' 하고 알아지는 것. 그건 겨울잠에서 막 깨어나기 시작하는 나무들의 속살거림, 바로 봄 인사였어요.

누구에게서 들었던가요. 한 사람이 봄이 오는 숲속의 오솔길을 혼자 걷고 있는데, 여기저기서 두런두런하는 소리가 들리더래요. 아무리 둘러보아도 길엔 분명 자기뿐인데, 의아해

하며 한참을 그대로 걷다가야 문득 알아지더래요. 봄부터 겨울이 올 때까지 그 길을 지나다니며 나눈 사람들의 이야깃소리가 겨우내 마른 나뭇가지에 얹혀 꽁꽁 얼어 붙었다가, 날이 풀리자 녹아서 다시 날아다니기 시작한 거구나 하고.
 참 재미있는 이야기다 싶어 기억해 두었는데, 그것이 머릿속에 남아 있다가 나무들의 속살거림을 듣게 했나 봐요.
 흐뭇한 마음으로 듣고 있다가, 갑자기 서둘러 찾아 봐야겠다는 생각이 든 나무가 있었어요. 그 나무는 내가 걷고 있는 쪽의 반대편 윗켠에 서 있었지요. 아직은 회갈색을 띠고 있을 뿐인 마른 나뭇가지가 내 팔이 닿을 만큼 아래쪽까지 내려와 있는 겹벚나무를 이내 알아볼 수 있었어요. 꽃이 피었을 때 눈여겨보아 둔 덕이에요.
 공중을 일시에 환하게 만드는 벚꽃이 질 무렵이면, 짙은 분홍빛의 겹꽃을 피워내는 그 나무의 이름을 알게 된 건 불과 이삼 년 전이에요. 바람이 부는 어느 날 퇴근길에 그 나무 곁을 지나노라니 꽃가지가 휘어져 코 앞까지 내려오더군요. 눈을 들어 나무를 쳐다보니, 야 이렇게 부드러울 수가 있을까 하는 감탄이 저절로 나오는 거였어요.
 벚꽃과는 달리 이파리가 나온 뒤에 피어난 그 꽃들은 얼마나 바싹바싹 어깨를 맞대고 있는지, 가지가 휘어지고도 남을 듯했어요. 꽃가지가 코앞까지 내려왔던 건, 바람 때문이 아니라 꽃꼭지의 무게를 못 이긴 탓이었구나 싶었지요.
 사람의 이름이 그렇듯이 나무의 이름을 알아서 기억한다는 건, 그렇게 차이가 나나 봐요. 돌아오는 길로 수목도감을 뒤져 이름을 알아내기 전에도, 분명 그 나무는 해마다 오월이면 꽃을 피웠을 텐데. 이름을 알게 된 그 늦봄에야 처음으로 그 꽃나무를 교정에서 발견한 것 같은 생각이 들었으니 말이에요. 유난히 꽃나무에 애정이 많아 수시로 사진에 담기도 하는 수사님께선, 아주 오래 전에 이런 경험을 가지셨겠지요. 봄나무의 속살거림을 누구보다 먼저 들으시는 건 물론이고요.

그후로, 그 나무는 제가 꽃이 피기를 기다리며 알아보는 또 한 그루의 나무가 되었어요. 무심히 있다가 꽃이 핀 모습을 바라볼 때와, 기다림에 차 있다가 바라볼 때의 차이는 누구보다 익히 아시지요. 그 꽃나무를 통해 저도 그걸 터득하게 됐어요. 이제나저제나 하던 꽃봉오리가 진분홍빛으로 변해 한꺼번에 꽃망울을 터뜨려 줄 때의 기쁨을 무어라고 형언해야 할까요. 아무튼 그때부터 꽃이 자취를 감출 때까지, 전 내내 부드러운 꿈을 꾸고 있었지요. 아니, 꿈을 꾼다기보다 꿈에 취해 있었다는 게 맞는 표현이겠네요.

혹시 '웨하스'라는 과자를 아세요. 우습게도 겹벚꽃을 보면, 전 그 과자가 떠올라요. 딸기 크림이 든, 약간 동화적인 느낌이 나는 그 과자. 아마도 겹벚꽃의 부드러움과 그 과자의—입에 넣으면 씹지 않아도 그냥 녹아드는—부드러움이 같게 느껴져서인가 봐요.

그리고 또 떠오르는 게 있지요. 겹벚꽃을 따서 테두리에 뱅 돌린 하얀 모자를 쓰고 해맑게 웃고 있는, 대여섯 살 가량 되어 보이는 한 계집아이의 모습. 그 아이를 본 건, 어느 회사 사보의 표지에서였어요. 오월호의 표지로 겹벚꽃과 꼬마 소녀의 얼굴을 조화시켜서 실은 감각이, 그 방면엔 문외한인 제 눈에도 돋보인다 싶었지요. 부드러움의 극치 같은 걸 느낄 수 있었으니까요.

　재미난 건, 제가 왜 겹벚꽃이나 웨하스라는 과자나 그 꼬마 소녀가 지닌 부드러움에 그토록 끌리는가 하는 거예요. 각이 진 얼굴 생김새로 보나, 주위에서 나이를 가늠할 수 없다고들 하는 아직껏 낭랑한 목소리로 보나, 뭐든지 확연해야만 배기는 성격으로 보나, 부드러움이라는 느낌과는 아주 거리가 먼 게 제 자신이거든요. 제가 이런 이야기를 드리면, 수사님께선 금방 답을 주시겠지요. 그건 체칠리아가 가지지 못한 일면이기 때문에, 자기도 모르는 사이에 동경을 하고 있어서일 거야라고.

　어쩌면, 그 말씀이 맞을지 모르겠네요. 어린 시절, 단 한 번도 그런 해사한 웃음의 꼬마 소녀였던 기억이 없거든요. 고집스러운 편인데다가, 맏이로 자라면서 나이보다 늘 어른스럽기를 강요받았던 기억만 있어요. 여유 있는 생활이 아니었으니, 지금은 아니지만 그때로선 고급스런 과자에 속했을 웨하스를 먹으며 컸을 리도 없고요.

　다 자라고 난 뒤의 성질이야 오히려 날카로운 쪽이라는 걸 제 스스로가 잘 아는 터잖아요. 부드러움과는 반대 빛깔인 그런 면들이 저로 하여금 부드러움의 극치라고까지 여겨지는 겹벚꽃을 보며 가지지 못하고 지나쳐 버린 것에 대한 미련을 지니게 했나 봐요.

하지만 그런 저를 스스럼 없이 따르고 있는—짐작이긴 하지만, 그래도 저를 부드럽다고 여기고 있을—두 꼬마 소녀가 곁에 있어 행복해요. 남동생의 딸인 그 아이들은 아직 초등학생이라, 어느새 고등학생이 되어 아버지와 키가 맞먹고 있는 제 아들이 주는 느낌과는 사뭇 달라요. 안으면 가슴에 폭 들어오는 그 오종종한 팔과 다리. 제 엄마에게도 물론 그렇겠지만, 멀리 떨어져 살아 어쩌다 한 번씩 만나는 큰고모인 제게는 말할 수 없이 부드럽고 애련하게 여겨지는 존재들이지요. 제 아들 녀석이 우뚝 버티고 선 느티나무처럼 든든하다는 느낌을 주는 것과는 달리.

저의 어머니가 십 년 전에 돌아가시는 바람에 그 아이들은 친할머니의 애정을 받아 볼 겨를이 없이 자랐어요. 뜨개질을 잘 하셨던 어머니가 좀더 오래 사셨더라면, 색색가지 털실로 오밀조밀하게 무늬를 넣어서 뜬 옷들을 많이 얻어 입었을 텐데.

그것이 안쓰럽게 여겨져서, 고모이면서도 할머니와 같은 따스함으로 다가가려고 일부러 노력하고 있었어요. 올해 오학년이 되는 큰아이에겐 지금도 '고모가 가면 업어 줄게' 하거든요. 일학년에 입학을 하는 둘째아이에게는 말할 것도 없고요.

지나간 봄 방학 땐 꼭 가서 업어 줄 생각이었는데, 학교 일정이 빠듯해서 선물만 보냈어요. 아들 하나만 키우다 보니 계집아이들의 용품을 살 기회가 없었는데, 이것저것 고르는 게 우선 즐거웠지요. 진분홍빛 도시락 가방과 손수건을 두 장씩 무늬까지 똑같은 걸로 맞추어 사 가지고는, 꽃을 손에

든 꼬마 소녀의 그림이 그려진 분홍빛 편지지에 연필로 글씨를 썼어요.

"지석이와 지현이는 겹벚꽃을 본 적이 있니? 오월이면 피어나는 퍽 예쁜 꽃이지. 이 편지지에 있는 소녀가 든 꽃과 닮은 빛깔이야. 큰고모는 우리 두 꼬마 소녀가 그 꽃처럼 부드러운 아가씨들로 커주기를 바란단다."

고 녀석들은 고모가 왜 잘 들어 보지도 못한 꽃이름을 댔는지 이해하지 못하겠지요. 저희들이 내게 품어 주는, 겹벚꽃처럼 부드러운 감정이 고마워서라는 건 더더구나.

얼마 전에야 알았어요. 겹벚나무는 추위에 약해서 서울에서는 가끔씩 얼어 죽기도 한다는 걸. 양지쪽을 좋아해서 그늘이 진 곳에 심어진 나무는 견디기 힘들어한다고요. 병충해에도 강한 편이 못 되어서 수시로 손길이 가닿아야 하는 나무라더군요. 그걸 미리 알고 비유를 한 건 아니었는데, 한참 보호가 필요한 계집아이들과 겹벚꽃의 특성이 이렇게 일치하는구나 싶었어요.

가능하면 상처받지 않게 키워서, 부드러운 심성을 지닌 아가씨들로 삶의 오월을 누릴 수 있게 해주는 것. 전쟁의 남은 기운이 말끔히 가시지 않은 속에서 태어났던, 제 세대의 소녀들이 꾸지 못했던 꿈을 마음껏 꿀 수 있게 해주는 것. 그것이야말로 부드러움의 가치를 새삼스레 인정하게 된, 저 같은 사십 줄의 아줌마가 나서서 해야 할 일이 아닐까요.

아직은 생기가 느껴지지 않은 겹벚나무 곁에서, 겨울잠에서 깨어나 이웃 나무와 주고받는 속살거림을 들으며 전 벌써 늦봄의 풍경을 그리고 섰어요. 오월의 하늘을 순식간에 부드러운 빛깔로 바꾸어 놓고마는 그 꽃의 힘을, 조금이나마 제 안에 지닐 수는 없을지요. 수사님께서 머무시는 베네딕도 수도원의 뜨락에서도 봄나무들의 속살거림이 들려오겠네요.

메꽃과 다시마

에드몬드 수사님.
　유월이 시작되는 지난 일요일엔 친정아버지를 모시고 소래포구에 갔었어요. 육지 깊숙이 바닷물이 들어오는 곳이라 배가 가까이 닿아서, 많은 아낙네들이 생선이나 젓갈을 사러 가는 곳이거든요.
　전철을 타고 동암역으로 내려가서 소래포구로 들어가는 버스를 갈아탔어요. 한 시간 남짓 가서 내린 포구는 북적거리는 사람들로 하여 발을 내디디기가 힘들 정도였어요. 앞사람의 뒤통수만 따라가는 긴 행렬의 일부가 되어 포구 끝에 도달하자, 서해 앞바다 특유의 싯누런 바닷물과 배들이 눈에 들어왔어요.
　잠시 갯바람을 쐬다가 근처에 있는 횟집에서 모처럼 아버지와 점심을 먹었어요. 아버지가 기울이시는 소줏잔에, 십년 전에 어머니를 잃으신 외로움이 담겨 있는 듯했어요. 자식들 삶에 흠집을 낼까 두렵다며 지금껏 혼자 생활을 고집하고 계시니까요.

오후 세 시가 넘으면 나가는 차를 타기가 힘들다고 해서 서둘렀는데, 정류장엔 벌써 여러 명의 사람들이 줄을 서 있었어요. 한 차를 보내고 다음 차를 탄 덕분에, 그래도 뒷자리에나마 앉을 수 있어 다행이었지요. 지치기도 하고 어머니 생각에 마음이 어둡기도 해서 말없이 창 밖에 시선을 두고 있었어요. 한데, 거기서 무얼 본 줄 아세요.

부옇게 먼지 앉은 풀섶에 드문드문 피어 있는 메꽃송이들. 희끄무레하다고 해야 할지 불그스레하다고 해야 할지 모를, 그 옅은 분홍의 통꽃들에게서 서글픔을 읽은 건 제 마음 탓이었을까요. 왁 하고 울음 터지게 하는 슬픔은 아니지만, 가슴 밑바닥에 안개처럼 깔려 있는 서글픔 말이에요.

제가 메꽃을 보며 그런 느낌을 가지는 데는 까닭이 있어요. 소래에서 가까운 인천은 제게, 아니 친정 식구 모두에게 깊은 좌절감을 안겨 준 도시였어요. 그곳으로 이사가기 전에는 용산에 있는 군인 아파트에 살았지요. 그 아파트는 우리나라에서 처음 지어진 아파트라고 들었어요. 아버지가 육군 중령이셔서, 자랑스럽게도 우리는 제일 전망이 좋은 1동에 자리잡을 수 있었어요.

그 행복감이 오래 지속되었더라면 얼마나 좋았을까요. 하지만 얼마 못 가 아버지는 대령 진급에서 탈락되어 이 년 후로 퇴역이 앞당겨지고 말았어요. 전 그때 화천에서 전학와 이태원초등학교에 다녔어요. 그러다가, 남산 밑에 새로 세워진 용산초등학교로 옮겼지요. 일 년이 채 못 되는 그곳에서의 삼학년 생활은 제 기억 속에 가장 아름답게 간직되어 있어요.

변변치 못한 제 글솜씨를 칭찬해 주셨던 담임 선생님과 그 친구 선생님까지. 좋아하는 분들과 지내는 즐거움 속에서도 문득문득 가슴을 쓸고 지나가는 우울한 바람이 있어 힘겨웠지요. 머지않아 그분들 곁을 떠나야만 한다는 것.

아파트 언저리의 둔덕에서 피어난 메꽃은 꼭 그런 내 서러움을 대신해 주고 있는 듯했어요. 같은 메꽃과에 속하는 통꽃이면서도, 나팔꽃은 삼각형 모양의 이파리며 남자색과 백색과 홍자색을 띤 꽃송이로 보기만 해도 경쾌해지는데. 흰색에 가까운 엷은 분홍색 얼굴을 한 메꽃은 이파리도 가늘고 길어 왜 그리 힘이 없어 보이는지. 하교길에 만나면 눈물마저 그렁그렁하게 만들었지요.

아버지의 퇴역 후, 조금이라도 의지가 될까 싶어 사촌 이모들이 있는 인천으로 갔는데 한동안은 쓰라림의 연속이었어요. 아파트를 떠나면서 마지막으로 찍은 흑백 사진 한 장 속엔 식구들의 표정이 잿빛 구름으로 화해 담겨 있어요.

연대장까지 지냈던 경력을 덮고 제철소의 공원으로 야간 근무마저 하시는 아버지의 고단함과 주문받은 스웨터를 짜내기 위해 편물기 앞에서 밤을 새우시는 어머니의 고달픔. 거기에, '올 수'를 받아 가지고 간 1학기 성적표는 없어지고, 대신 받게 된 '올 우'의 내 학년말 성적표. 전학생이라 먼저 학교의 성적은 인정할 수 없다는 담임 선생님의 변명은 내 귀에도 궁색하게 들렸어요. 그 성적표를 들고 돌아와 코피까지 흘린 기억이 나요.

그때 인천 아이들과 저와의 거리감을 가장 크게 느끼게 해준 건 다시마 튀각이었어요. 점심 시간이면 그 아이들은 제가 먹어 본 적이 없는 설탕 뿌린 밤색의 그 튀각을 들고 와서 억지로 먹어 보라며 장난을 치곤 했어요.

그후 집안 형편도 차츰 나아지고, 문예장학생으로 대학에 들어가 초등학교 때 품었던 꿈을 이룰 수는 있었어요. '훗날 내가 선생님이 되면, 부잣집 엄마들의 치맛바람에 싸여 학기 초에 우등생을 미리 점찍어 놓는 선생님은 결코 되지 않을 거야' 라던 독기어린 꿈 말이에요.

삼 년 전엔가, 동해시에 있는 한섬이라는 곳으로 스쿠버다이빙을 하러 간 적이 있었지요. 전날 바람이 몹시 불어서 바닷속은 시야가 엉망이었어요. 애써 장비를 착용하고 뛰어들었는데, 눈에 들어오는 것은 너불거리며 모래바닥을 기어다니고 있는 다시마의 넙죽한 이파리들이었어요.

그걸 채집망 그득히 거두어 가지고 돌아와서 햇볕에 말렸다가 튀겨 먹노라니, 인천에서의 일들이 떠오르겠지요. 그때 그 아이들을 다시 만날 수 있다면, "이것 봐! 내 손으로 건져 온 다시마로 튀각을 만들어 너희들처럼 먹고 있잖아!"라고 소리치고 싶었어요. 입 다물고 참아낼 수밖에 없었던 그 무렵의 그늘진 외로움을 그것으로 만회하기라도 하려는 듯이.

수사님께선 항상 저더러 그만하면 괜찮은 여자야라고 하시지요. 소래포구에서 나오는 길에 풀섶에서 핀 메꽃을 보며, 스스로도 대견하다 싶은 생각을 하나 했어요. 메꽃으로 다가오는 어린 시절의 그 서러움이 제 안에 자리해 있지 않다면, 지금쯤 얼마나 오만해져 있을까 하고요. 그것이 오히려 제게 겸손을 가르친 것이라고요.

병아리 꽃나무 합창단

에드몬드 수사님.
 가을이 깊어 가네요. 내내 초록빛이던 운동장가의 나무들이 붉은 빛과 노란 빛을 띠기 시작했어요. 그걸 단풍이라고 하지 않고, 가을꽃이라고 한다면 어울리지 않는 표현일까요.
 시월이 끝나가고 있을 뿐인데 벌써 한 해를 돌아보게 되는 건, 나이가 들었기 때문이겠지요. 흐뭇했던 기억보다는 쓰라렸던 기억이 먼저 떠오르는 것도. 지금 서둘러 지난 시간을 돌아봐야, 못다 한 것을 메꿀 수 있으리라는 조바심이 일어요. 늘 기도하며 생활하시는 수사님께서는 저보다 먼저 그런 생각들에 도달해 계시겠지요.
 올해도 예외없이 쓰라린 기억 몇 개와 흐뭇한 기억 몇 개가 머리를 스쳐 가요. 앞의 기억이야 의식적으로라도 빨리 덮어 버리고 싶지만, 뒤의 기억이야 차 한 잔 마시며 음미해도 좋은 거잖아요. 지난 여름에 있었던 제 반 아이들의 동부 교육청 제1지구 합창대회 일등이 그 중 으뜸이에요.

줄곧 삼학년만 맡다가 이학년을 맡게 된 학기초엔 적잖이 당황을 했었지요. 한 학년 차인데 아이들이 그렇게 작고 어릴 줄은 미처 몰랐거든요. 다른 반 국어 수업을 들어가 보고 안 거지만, 제 반 아이들이 그 중에 유난히 작았어요. 담임으로서 걱정되는 아이들이 열 명 가량 되었으니까요.

체구가 큰 아이들이나 다른 반 아이들이 건드릴까 불안해서 궁리를 한 끝에, '독수리 십 형제'를 만들어 주기로 했어요. 제가 일하는 학교에서는 우스갯소리로, 키가 작은 사람들을 '독수리 형제'라고 부르고 있거든요. 거기에 끼는 것을 달갑지 않게 여기는 아이도 있을까 봐 조심스레 말을 꺼냈더니, 반응이 괜찮았어요. 반 아이들 앞에서 '독수리 형제' 맺음식을 하고 그 대모로 제가 되었지요.

한데 그 중 한 아이가 손을 들더니, '독수리 군단'으로 이름을 바꾸자는 거였어요. 저절로 박수가 나오더군요. 이내 키 순서대로 독수리 1호에서 10호까지 결정이 되고, 저는 단장이 되었어요. 그 덕분인지 독수리 형제 중에 물건을 빼앗겼다거나 매를 맞았다는 아이는 없었어요. 담임의 특별 보호 아래 있다는 안도감이 자신감을 준 탓도 있었겠지요.

처음부터 자잘한 느낌을 주던 제 반 아이들이 학교 대표로 합창대회에 나가게 된 건, 유월 중순이었어요. 스승의 날이 지나고 나서 좀 있다가 음악 선생님이 말을 꺼내더군요. 원래는 합창대회에서 뽑힌 학급이 나가야 하는데, 우리 학교에서는 행사를 안 해서 이학년 중에 한 반을 고를 수밖에 없노라고. 제 반 아이들이 목소리도 곱고 태도도 얌전해서 선정을 하려고 하는데 괜찮으시겠냐고.

　담임의 입장에선 좀 부담이 되는 일이었어요. 아침 자습 시간과 방과후 시간까지 써야 하는데, 그러노라면 수업 분위기가 흐트러지기 십상이거든요. 여덟 반 중에 4등을 한 학급 성적이 일학기말 고사에서 더 떨어지면 어쩌나 하는 우려도 컸고요. 하나, 새로 온 그 젊은 음악 선생님의 부드러우면서도 강력한 청을 거절할 수가 없었어요.

　'입시를 앞둔 학년도 아니니, 만약에 떨어지면 이학기에 만회를 시키자. 작은 아이들이 유난히 많더니만, 그 덕분에 아직 변성기가 오지 않아 목소리가 곱게 나오는 것도 다행이지. 무엇보다 좋은 건 학창 시절의 아름다운 기억을 이 대회를 통해 가지게 된다는 사실이니까.'

　그렇게 마음먹고 허락을 한 일이었지만, 막상 시작하고 나니 생각보다 정신이 없었어요. 조회를 하려고 교실로 올라가 보면 아이들이 음악실에 있어 텅 비어 있기 일쑤고, 점심 시간에 하는 청소는 아무리 잔소리를 해도 대충대충 돼 버리곤 했어요. 그렇다고 노래 연습하는 아이들을 함부로 윽박지를 수도 없어서, 성질이 급한 저로선 여간 힘든 게 아니었어요. 거기다 그 음악 선생님이 미안해 할까 봐 내내 괜찮다는 표정까지 짓고 다녀야 했으니.

　하지만 연습이 막바지에 달하면서는, 토요일 오후는 물론 일요일에도 나와서 아이들을 지도하는 바람에 싫은 내색은

커녕 오히려 제 쪽에서 미안해질 지경이었어요. 아이들이 저런 선생님을 만나 좋은 기회를 가진다는 게 감사하기도 하고요. 담임을 맡으면, 저도 모르게 부모의 마음이 되곤 하는 게 교사거든요.

 우리 학교가 아닌 다른 중학교의 강당에서 대회가 있던 날은 아침부터 수선스러웠어요. 대회 시작은 오후 두 시였지만, 한 시까지는 가서 예행 연습을 해야 했으니까요. 두 시간 수업만, 그것도 하는 둥 마는 둥 마치고는 점심을 미리 먹여서 데리고 나갔어요. 응원해 주러 따라가는 반까지 두 반을 한 대의 시내 버스에 몽땅 태웠는데, 서로 몸을 비비적거리면서도 아이들의 웃음소리는 끊이질 않았어요.

 문제는 그 학교의 큼지막한 강당에 발을 들여놓으면서부터 생기기 시작했지요. 제1지구의 참석 학교는 모두 여덟 학교로, 남자 학교가 넷, 여자 학교가 넷이었어요. 음악 선생님의 말로는 우리 학교가 그 대회에 나가는 게 꼭 십 년 만이라고 들었다고 하더니, 정말 먼저 와 있던 이 학교 저 학교에서 인사가 무성했어요. 물론 우리를 보는 그 학교 음악 선생님들의 표정 속엔, 그렇게 오랜만에 나왔으니 참가하는 데 의의가 있는 거겠지 하는 빛이 역력했고요.

 남녀공학이 아니라 여학생을 통 보지 못하고 생활했던 우리 아이들은 여학생들의 쉼없는 재잘거림만으로도 얼이 빠지는 모양이었어요. 학교에서는 소란만 잘 떨던 아이들이 갑자기 주눅이라도 들었는지, 앉혀 놓은 자리에 콕 박혀서 눈알만 굴리고 있었지요. 그런 아이들 모습이 재미있다는 듯이 곁에 있는 여학생들은 더욱더 귀가 따갑도록 웃으며 떠들어 댔고요.

하지만 예행 연습에 들어가면서 약간씩 분위기가 달라지는 걸 감지할 수 있었어요. 우리 아이들 노래가 끝나자, '만만치 않은데, 제법인데' 하는 마음속의 소리들이 귓가에 와 닿는 것 같았지요. 순서는 원래 제비뽑기를 해서 정하는 건데, 가나다 순으로 해서 우리가 제일 먼저 하게 되었다고 음악 선생님은 걱정이 태산이었지요. 그렇지 않아도 긴장한 게 보이는 아이들이 첫번째로 서기까지 해야 된다니. 맨 앞에 앉아 있을 테니까, 떨리는 사람은 내 얼굴만 바라보며 노래 불러라 하고 안심을 시켰어요.

아, 지금도 눈에 선해요. 앞줄에 섰던 '독수리 십 형제', 아니 자칭 '독수리 군단'의 열 명이 발그레해진 볼로 노래를 무사히 마치고 난 뒤, 저를 바라보며 '휴' 하고 길고 나지막하게 안도의 숨을 내쉬던 모습이. 담임인 내가 저 아이들에게 그래도 힘이 되었구나 싶어, 순간 코끝이 찡해졌어요. 물론 제 자신이 중학교 시절로 돌아가 떨리는 목소리로 합창을 하고 난 기분이기도 했지요.

결과가 잘 나왔으니까 하는 소리라고 여기실지 모르지만 아이들이 노래를 끝냈을 때, 전 이미 입상의 예감 같은 걸 가지고 있었어요. 곱지만 셈여림이 분명한 아이들의 노래가 저를 비롯한 모두의 가슴에 잔잔한 감동을 안겨 주었다는 게 확실했으니까요.

〈숭어〉나 〈꽃잔치〉나 〈우박은 춤춘다〉 등의 일반적인 합창

곡을 선택한 다른 학교와는 달리 곡이 우선 독특했거든요. 사이몬과 가펑클이라는 영국 가수 둘이 부른 〈험한 세상에 다리가 되어〉라는 곡에, '친구' 라는 제목으로 가사를 다시 붙인 노래였지요. 한 번 들어 보시겠어요. 중간에 삼학년 학생 하나가 드럼을 치는 부분까지 삽입이 되어서 더 특이했어요. 여학생들이 반한 눈빛이 된 건 당연했고요.

외로울 때면 멀리 간 내 친구를 그려 본답니다. 즐거웠던 어린 시절이 또다시 그리워, 흐르는 냇물처럼 변함없는 우정을 간직한 우리의 친구 영원하리라. 실망할 때나 지쳐 있을 때나 힘이 되어 주는 우리의 우정. 사랑하고 믿어 주는 우리의 참된 우정 영원하리라. 예쁜 맘씨를 가지며 아름다운 꿈을 항상 간직하네. 밝은 해가 우리를 비치며 광활한 바다가 우릴 부르며 손짓하네. 언제까지나 참된 우정을 간직하며 살아가리라.

자기들에게 꼭 맞는 노래를 온 힘을 다해 부르고 난 아이들의 모습은, 제 눈에 한 그루 병아리 꽃나무로 보였어요. 광릉수목원에 가서 본 적이 있는 그 나무는 키가 2m가 못 되는, 수목치고는 크지 않은 꽃나무였지요. 주름진 엷은 녹색의 이파리 사이에 꽃잎이 네 장으로 된 흰 꽃들이 드문드문 피어 있었는데, 어느 꽃보다 때묻지 않은 느낌으로 다가왔어요. 이름처럼 흰 병아리로 보이기도 해서, 순수라는 낱말이 잘 어울리는 꽃으로 여겨졌어요.

아이들을 보며 그 꽃나무를 떠올린 건, 아이들이 흰 교복 상의에 연둣빛 명찰을 달고 있어서였을까요. 아니면, 마음을 모아 노래를 부른 아이들의 얼굴이 요즈음은 쉽사리 눈에 띄지 않는 '순수'의 의미로 받아들여져서였을까요. 노래로 하나가 되었던 그 병아리 꽃나무 합창단은 일학기말 고사에서 오히려 성적이 올라 저를 또 한 번 흐뭇하게 했지요.

배꽃 핀 농장

에드몬드 수사님.

오늘은 이월의 첫날. 배꽃 이야기를 하기에는 아직 바깥 날씨가 너무 차가운가요. 느닷없이 배꽃을 떠올린 건, 며칠 전에 내려서 아직 녹지 않고 있는 눈빛 때문만은 아니예요.

실은, 학년말이라 아이들의 봉사활동 카드를 정리하는 중이었어요. 아이들이 낸 일 년 동안의 개인별 봉사활동 카드를 보며 누가기록부에 일일이 옮겨 적노라니, '6월 20일, 불암동 배농장에서 3시간'이라고 쓴 몇몇 아이의 기록이 눈에 띄더군요. 잠깐 사이에 생각은 벌써 땀방울이 솟던 그 여름날로 돌아가 있었어요.

학교에서 각 클럽 활동반별로 따로 봉사활동을 한 차례씩 해야 한다는 말이 나온 건, 한두 주 전이었어요. 할 일을 앞두고는 도무지 미루지 못하는 성격이라 누구보다 앞서 여기저기 알아보기 시작했지요. 한데, 봉사활동 담당 선생님이 준 자료를 가지고 고아원이나 양로원 등 여기저기 연락을 취하는데도 대부분 거절을 하는 거였어요. 때론 아주 부드럽게, 때론 몹시 귀찮다는 듯이. 이유는 비슷했어요. 봉사가 계속될 것도 아니고, 하루 몇 시간 와서 북적댈 양이면 수선스럽기만 해서 별 도움이 안 된다고요. 남자아이들이라 더 꺼리는 듯했어요.

　기억나세요, 급한 나머지 수사님께 도움을 청했던 것. 불암동수도원에 널찍한 배농장이 있다는 말씀을 하셨었잖아요. 그 수도원은 수사님이 몸담고 계시는 성베네딕도 수도원의 분원이기도 해서, 서울에 오시면 가끔 들른다고 하셨었지요. 수사님께서 그곳에 계시는 수도원장님께 특별히 부탁을 해주신 덕분에, 제가 맡은 문예반 이십 명은 토요일 오전에 와서 풀뽑기를 해도 좋다는 허락을 받아낼 수 있었어요. 문제는 저처럼 갈 곳이 마땅치 않아 고민을 하던 몇 선생님이 그걸 알고는 함께 갈 수 없겠느냐고, 간곡한 부탁을 해온 거였어요.

　연극반과 바둑반과 탁구반까지 합치니 백 명이 넘어서, 하는 수 없이 지도 선생님들이 수도원에 가서 사정을 했어요. 원장님께서는 농장은 너르지만 기도하는 장소이기도 해서, 그 많은 학생들이 와서 와글거리면 다른 수사님들께 누가 될까 걱정이라며 난처해 하셨어요. 초등학교에 몸담고 있다가 수도원에 들어가신 분이라 아이들의 특성을 누구보다 잘 알고 계셨거든요.

네 반 아이들이 불암동 버스 종점에서 집합을 하는 데도 시간이 꽤 걸렸지요. 다행인 것은 얼마쯤 걸어 수도원에 발을 들여놓으면서부터는 스스로 조용해졌다는 거예요. 자기들 딴에도 수도원이라니까, 왠지 모를 묵직함 같은 게 느껴졌나 봐요.

성당 앞에 나와 서 계시는 원장님께 인사를 드리고는, 농장 수사님을 따라 수도원을 한 바퀴 돌아본 뒤 바로 나뉘어서 작업에 들어갔어요. 문예반과 연극반은 성당 앞 잔디밭의 풀뽑기를, 바둑반과 탁구반은 끝이 보이지 않을 정도로 빽빽이 들어선 배나무 밑에 널린 쓰레기 줍기를 했어요. 쓰레기라고 해야 배를 싸면서 쓰다가 미처 거두지 못한 봉지와 끈이 전부였지만. 세 시간 정도의 작업을 끝내고 나서 아이들을 돌려 보내기 전에, 저는 한두 마디 일러 주었어요.

"좀 있으면 낮 기도 시간인데, 성당 안에 들어가서 참석하고 싶은 사람은 남아라. 치마를 입고 사는 남자들이 그레고리안 성가로 기도드리는 모습은 좀처럼 보기 힘든 거다. 이렇게 사는 사람들도 있구나 싶을 테니까"라고.

에드몬드 수사님.

봉사활동을 마치고 돌아와서 낸 한 아이의 감상문은 저를 퍽 흐뭇하게 했어요. 한번 들어 보세요.

"…… 나는 종교가 틀리기 때문에 잠시 망설였지만, 그래도 들어가 보기로 했다. 들어가니 수녀님들도 앉아 계시고, 농장에서 일을 하던 수사님들도 어느새 검은 수도복으로 갈아입고 앉아 계셨다.

의식이 시작되자, 어느 한 분이 성경을 먼저 읽었다. 그리고는, 노래로 다 같이 기도를 드리는 것이었다. 너무 경건해서 마치 딴 세상에 온 것 같았다. 그러면서 선생님께 감사드려야겠다는 생각을 했다. 이번 경험으로 불교가 아닌 다른 종교의식의 엄숙함도 알게 되었으므로."

 문득 이런 생각이 들었어요. 교사가 아이들에게 해줄 수 있는 유일한 일이 있다면, 그건 이렇게 열린 마음을 지닐 수 있도록 이끌어 주는 게 아닐까. 인간이 가지는 대립 중에 가장 극심한 게 종교 문제라면 지나친 표현일지 모르지만, 어쨌든 다른 종교를 인정할 수 있는 마음이라면 닫힌 마음은 아닐 테니까요.

 올해엔 배꽃이 필 때, 수도원장님을 졸라서 아이들을 데리고 가야겠어요. 그 수많은 배나무가 흰 꽃을 피운 모습을 본다면 봉사활동은 두고라도, 또 하나의 '열린 마음'을 경험할 수 있을 테니까요.

해바라기 묵상

체칠리아.
 이곳 수도원 정원에는 많은 나무들과 꽃들이 철따라 피고지고 하지만 그 중에도 유난히 마음을 끄는 꽃이 있단다. 수도원 출판사와 인쇄소 건물 앞 자그마한 화단에서, 나보다 훨씬 큰 키와 넓은 잎을 자랑하는 해바라기. 칠순을 훨씬 넘기신 할아버지 수사님 한 분이 꽃을 좋아해서 여러 가지 꽃을 심고 가꾸시는데, 그 중에서도 해바라기만은 빠뜨리지 않고 매년 이곳에다 심으신단다.
 나도 어린 시절 해바라기와 좋은 사연과 그렇지 않은 사연이 있어 늘 마음이 끌리곤 하지. 그러나, 나보다 노(老)수사님께서 해바라기를 꼭 심으시는 데는 이유가 있을 듯해서 여쭈어 보았지. 수사님께서는 잠시 생각에 잠기시더니, 차분한 목소리로 말씀하시더구나.
 "알다시피 내 고향이 북한이잖아. 우리 수도원이 이곳 왜

관에 오기 전에는 함경남도 덕원이라는 곳에 있었지. 왜관 수도원보다 규모가 훨씬 더 컸어. 그러다 해방이 되면서 북한은 공산화되기 시작했고, 급기야 6·25 동란까지 터지면서 수도원은 공산당에 의해 강제로 문을 닫고 수도자들 역시 뿔뿔이 흩어졌어. 물론 많은 수도자들이 수용소에 끌려가 총살당하고 병사하거나 아사하기도 했지. 이때 고향 소식도 전혀 알지 못한 채 혼자서 월남하게 되었어.

그후 북한에 두고 온 부모님과 형제들의 얼굴이 보고 싶을 때가 많았지. 보고 싶은 얼굴들을 잊지 않으려고 해바라기를 심기 시작한 거야. 빙그레 웃는 모습의 해바라기를 쳐다보면서 한 분 한 분의 모습을 기억하고 있지."

할아버지 수사님의 숨은 사연을 듣고서 해바라기를 쳐다보니, 더욱 정겹게 느껴지더구나. 내게 있어서도 해바라기는 어린 시절부터 의미 깊은 꽃이지.

내가 살았던 시골 초가집 흙담장 밑으로 줄지어 심었었기에, 매일같이 둥근 꽃 얼굴을 대할 수 있어서 친근감이 더했단다. 노오란 꽃잎이 둥그런 얼굴을 포근하게 감싸고, 그 가운데 씨앗을 영글게 할 꽃술이 보송보송하게 돋아 있던 모습이 아직도 생생해. 그러다 여름이 기울어 갈 무렵이면, 얼굴 가운데 까맣게 씨앗이 익어 가는 모습에 고마움까지 느끼곤 했었지.

의식주 해결이 어려워 늘 배고파하던 어린 시절이라, 해바라기 씨앗을 몰래 따서 까먹으며 그래도 허기를 잊곤 했단다. 지금도 그 씨앗의 고소한 맛은 입 안에 살아 있어. 지난 해는 옛날 맛을 더듬으며 씨앗을 한 홉 따서 까먹어 보았으나, 도무지 기억에 남아 있는 그런 맛이 아니었지. 왜 해바라기는 옛날과 같은데 씨앗 맛은 이토록 다를까.

하기야 그 동안 온갖 인스턴트 식품을 많이 먹었으니 입맛도 달라졌겠지. 아니면 쌀밥에 고기 반찬까지 잘 먹었으니 그 맛을 느낄 수 없을 만도 할 거야. 올해도 씨앗은 같은 맛일까. 까맣게 익는 늦여름이면 태양과 비바람이 얼려 요리해 준 해바라기 씨앗을 먹으면서, 자연의 신비와 고마움에 감사하는 마음도 가져 봐야지.

급변하는 사회구조 속에서 살아가는 현대인들은 태양과 비바람이 씨앗을 영글게 하는 시간을 기다리지 못하고 조급한 마음만 먹어, 자연의 멋을 체험하지 못하고 있는 게 아닌지. 그러기에, 조그마한 문제와 이권에도 양보하거나 기다리는 여유가 없이 충돌을 쉽게 하고 있는지도 모르겠어.

수도 생활을 한다는 나도 사회의 이러한 영향을 받고 있음을 부정할 수 없구나. 무슨 일에서든지 능력과 성과를 꼬치꼬치 따지는 습관이 나도 모르게 배어 있음을 보면서 놀라지 않을 수 없단다.

해바라기 씨앗으로 짠 기름은 식용으로도 사용되지만, 옛날에는 등유용으로도 사용되었단다. 그때는 석유조차 귀하던 시대라 가정에서 해바라기 씨앗 기름으로 등불을 밝혔었지. 초등학교 시절, 낮 동안에는 농사일을 도와야 하기 때문에 방에서 공부한다는 것이 허용되지 않았어. 밤에만 가물거리는 초롱 밑에서 공부를 했단다. 그것도 밤늦게까지 하게 되면 아버지께서 기름 소모가 많이 된다면서 일찍 잠자리에 들라고 호통을 치셨지.

속담 중에 "등잔 밑이 어둡다"라는 말이 있잖아. 지금의 젊은이들은 이 속담이 왜 생기게 되었는지 이해하기가 어려울 것 같구나. 지금이야 스위치만 누르면 전등불이 환하게 켜지니까. 그리고 전등불 밑이 오히려 더 밝으니까.

어릴 적부터 해바라기꽃은 태양을 따라간다고 들어 왔는데, 지조 없이 자기 출세와 이익이 많은 쪽으로만 따라 살아가는 사람들을 "해바라기 같은 인간"이라고 하든가. 그래서 의롭다고 판단되면 어떤 어려움에도 굴복하지 않고, 자기 뜻을 펼쳐 가는 사람들이 이 시대에 더 많이 요구되는지도 모르겠구나.

체칠리아.

지금도 시골 초등학교에 가보면 울타리 한쪽에 커다랗게 키가 큰 해바라기가 자라고 있는 모습을 보게 되지. 굵다란 줄기에 널찍널찍한 잎을 달고 그 꼭대기에 고개를 숙인 꽃송이를 단 모습을 보면서, 어린애들이 그처럼 여유 있게 마음 넓게 자랄 수 있었으면 하는 욕심을 내어 본다.

나도 이제는 해바라기를 주제로 묵상하는 습관이 생겼나 봐. 반쯤 숙인 얼굴 모습은 세속에만 물들지 않도록 하며, 하늘의 가르침을 듣고 있는 자세가 아닐까. 그처럼 하늘과 땅의 소리를 모두 포용하는 자세를 닮고 싶은 마음이란다.

박꽃과 바가지

체칠리아.
 오늘은 아침 햇살이 대지를 밝히며 떠오를 때 하얗게 초가지붕에 피어 있던 박꽃 이야기를 하고 싶구나. 여름부터 하얀 소복차림으로 얼마나 많은 박꽃이 피고 져서 바가지가 되기 위해 영글어 가는지, 그 모습을 체칠리아는 본 적이 있을까.
 이제는 민속촌이나 문화재로 보존되고 있는 곳이 아니면 초가집을 볼 수 없게 되었으니, 나는 초가집에서 태어나 자랐기에, 그 집에 대해 초라함보다는 포근한 기억이 더 많단다. 내가 어린 시절엔 플라스틱으로 만든 바가지가 없었기에, 박을 심어서 바가지를 얻었지. 그걸 얻기 위해 심었던 박이 줄기를 내고 흙담을 살살 기어올라 드디어는 초가지붕까지 다다라 하얀 꽃을 피우면 참으로 보기 좋았단다.
 박잎은 심장 모양을 하고 있어 '심장형'이라고도 하지. 그리고 줄기엔 뽀오얀 잔털이 나 있어 더욱 친근감을 주기도 해. 박꽃은 해질 무렵부터 피기 시작해서 사방이 깜깜해지는 밤에 활짝 핀단다.
 왜 모든 사람들이 잠든 밤에만 피는지 신기하다는 생각에, 박꽃이 피는 모습을 보기 위해 한번은 깜깜한 밤에 박덩굴이 올라간 초가지붕을 멍하게 쳐다보고 있었지. 그러다가 어머니께서 "애야, 너 거기서 무얼 그렇게 뚫어져라 쳐다보고 있느냐?"고 하시는 바람에, 대답도 못 하고 얼굴만 붉혔던 기억이 생생하단다.
 보름달이 훤하게 비추는 밤이면 유난히 보기 좋았던 꽃이 바로 박꽃이었지. 초가지붕에서 달빛을 받고 있는 꽃을 보면, 마치 하얀 옷을 차려입은 꼬마 천사들이 모두가 잠든 고요한 밤에 하느님을 찬양하는 모습이 연상되기도 했단다. 그때는 세례를 받고 하느님을 믿는 신자도 아니었는데……. 어찌 그런 상상을 하게 되었는지 지금도 모르겠구나.
 아버지, 어머니께서는 오로지 주렁주렁 박이 많이 열려야만 바가지를 많이 만들 수 있다는 현실적인 목적이 더 컸을 거야. 그 생각을 하면 이제야 부모님들이 어려운 살림살이를 얼마나 알뜰하게 꾸려 왔는지 조금이나마 이해할 수 있을 것 같구나.
 박이 농구공만큼 자라면 아버지께서는 행여 굴러 떨어질까 짚으로 받침대를 만들어 받쳐 주고, 나무를 꽂아 고정시켜 주시곤 했지. 바가지를 얻기 위해 그토록 정성스럽게 챙기지 않으면 안 된다는 것을 몸으로 보여주셨다는 것을 이제

사 안단다.
　체칠리아!
　언젠가 수도원 '사회사업정책부'에서 일하고 있을 때였단다. 그 부서는 특별히 나환자 정착촌 두 개 마을을 경제적, 신앙적으로 지원하는 일을 하는 곳이었지.
　한 번은 대구 근교에 있는 다른 정착마을을 방문하고 돌아오는 길에 완행 버스를 타게 되었단다. 버스에 올라탔을 때 손님 몇 사람이 서 있었으나, 맨 뒷좌석 긴 의자엔 초등학교 사오 학년으로 보이는 얼굴이 창백한 여학생 두 명만 앉아 있었단다. 그리고 그 옆으로는 자리가 비어 있는데도 손님들이 앉지 않고 서 있는 게 이상해서 가까이 가보았지. 곁에 가서 보니까 금방 이유를 알 수 있었어.
　어디서 탔는지 모르지만 멀미를 해서 토한 음식물이 긴 의자와 바닥에 약간 흩어져 있고, 학생은 힘들어하고 있더구나. 그것을 보는 순간, 나도 선뜻 그 자리에 앉지 못하고 주춤주춤 물러서서 서 있고 말았지. 그건, 다름 아닌 내가 입고 있는 옷을 버릴까 봐였어.
　그리고 얼마쯤 갔을까. 버스가 멈추자, 작업복차림이라 노동자임을 금방 알아볼 수 있는 오십 대의 어른 둘이 올라타지 뭐야. 나도 모르게 시선이 그쪽으로 갔는데, 두 사람은 뒷좌석의 두 여학생 곁으로 가더니 새까맣게 땀에 절은 수건으로 의자를 대충 훔쳐내고는 털썩 앉지 않겠니. 그리고는 그 여학생을 붙잡고, 무슨 이야기인지 재미있게 하기 시작했는데 그 표정이 얼마나 편안해 보이든지.

그걸 보며, 나는 얼굴이 화끈거리는 부끄러움을 느끼지 않을 수 없었단다. 또한 내 자신이 얼마나 한심하고 못나게 여겨졌는지 모른단다. 사회사업을 한답시고 온갖 좋은 이야기를 떠들면서, 그깟 옷이 뭐 그리 대단하다고.

그러면서 창 밖을 멍하게 보고 있는데, 버스는 더 심하게 덜커덩거렸다. 다시 버스가 구부러진 길을 천천히 돌고 있을 때, 초가지붕에 하얀 살을 드러낸 굵다란 박이 몇 개 가을 햇살을 받으며 익어 가고 있는 모습이 보였지. 그 박을 보는데도 부끄러운 마음이었단다. 아버지께서는 바가지 하나를 더 얻기 위하여 그토록 정성을 다하시곤 했었는데 나는 멀미하는 학생을 위해 옆에 앉아 이야기 나누어 줄 성의도 없는가 해서였지.

체칠리아는 교사로 현장에서 학생들을 가르치고 있지만, 나는 수도 생활을 하면서 실천이 따르지 않는 기도나 묵상만을 하고 앉아 있었던 건 아닐까. 수도 생활을 돌아보면 의식주의 어려움은 몸으로 체험하지 않은 채, 머리로만 기도 생활을 하고 있었던 게 아닌가 하는 반성이 됨을 고백하지 않을 수 없구나.

박꽃 생각을 하면서 수도원 정원을 한바퀴 돌아보다, 한 모퉁이에 조롱박과 함께 바가지로 쓸 수 있는 박이 심어져 몇 개 익어 가는 모습을 보았단다. 박은 굵기만 하다고 모두 바가지가 되는 것이 아니란다.

찬서리가 내릴 무렵이면 아버지께서는 굵은 바늘을 가지고 지붕에 올라가 하나하나를 꼭꼭 찔러 보시며, 바가지가 될 것인지 아닌지를 판단하셨단다. 크기는 같아도 상하좌우로 바늘이 들어가지 않으면 얼굴에 미소를 머금으시고, 숙숙 들어가면 고개를 좌우로 흔들면서 포기하는 표정을 지으시곤 했지.

남이 안 보는 밤에 피었다가 해가 중천에 오르면 져 버리는 박꽃 열매지만 바가지가 되려면 바늘이 들어가지 않게 단단히 익어야 하듯이, 우리도 나이들어 가면서 속이 영글어 바늘로 찔러도 들어가지 않는 사람이 되어야 하지 않을까.

토끼풀꽃 반지

체칠리아.
 기우는 계절이라 제각기 다른 색깔로 물들었던 단풍들이 하나 둘 떨어지고 이젠 셀 수 있을 만큼만 남은 잎들이 나를 돌아보게 하는구나. 체칠리아는 단풍을 차라리 '가을꽃'이라고 하면 더 어울리지 않겠느냐고 했구나. 단풍의 각기 다른 모양과 색깔의 아름다움을 보면 여느 꽃 못지않게 예쁘지 않느냐고. 우리가 살아가면서 시간을 의식할 수 있는 것 중에 계절의 변화가 가장 크지 않을까 싶구나.
 우리 나라의 들이면 어느 곳에서나 잘 자라는 토끼풀을 알겠지. '클로버'라고도 하지만 어릴 적부터 듣고 불러 온 이름은 토끼풀이지. 수도원 울타리를 따라 산책로가 꼬불꼬불 나 있어 그 길을 따라서 걸으면 그렇게 편안할 수가 없단다. 산책길 좌우로는 융단처럼 자란 잔디가 있지. 지난 여름 동안 폭신폭신하게 자랐던 것이 이젠 누우런 색으로 옷을 바꾸어 입었구나.

그런데 그 마른 잔디 사이에서 무리지어 진한 초록으로 남아 있는 토끼풀을 본단다. 잔디를 가꾸기 위해선 가장 힘드는 일이 잡초를 제거해 주는 일인데, 그 중에도 토끼풀이 가장 왕성하게 번식하며 자라기 때문에 여간 힘들게 하지 않는단다. 잔디도 빛이 바래진 지금 서릿발도 아랑곳하지 않고 파아란 모습 그대로라니. 이제는 잎만 남아 있지만 지난 여름 내내 몽실몽실하게 하얀 꽃이 피어 벌과 나비들이 바쁘게 오가며 꿀을 모았었지.

수도원을 방문하는 손님들은 토끼풀과 꽃을 보면서 행운의 네잎을 찾는다고 분주하게 굴기도 하지. 그러다가 네잎을 찾으면 기뻐하며 환호하는데, 어려운 현실의 삭막함을 잠시나마 잊게 하는 활력소가 되는구나 싶단다.

토끼풀이 자라는 모습을 보면, 한 포기씩 따로 자라지 않고 길게 줄기가 뻗으면서 마디마다 뿌리를 내리기에 번식도 그만큼 강하다는 생각이 든단다. 다른 잡초가 끼어들 수 없을 만큼 무리를 이루니까 공동체성이 뛰어나다는 생각도 들고. 사람도 누구나 혼자서는 살아갈 수 없겠지. 직, 간접적으로 서로서로 관계를 맺고 더불어 살아가야 될 거야.

시골에서 태어나 가난하게 자랐던 나는 학교 가는 것 외에는 토끼 기르는 게 큰 일이었단다. 토끼를 기르면서 힘들었던 건, 당연히 토끼풀을 뜯어 오는 일이었지. 마지막 시간이 되면 걱정되는 것이 오늘은 또 어디로 가서 토끼풀을 뜯을까 하는 것이었어. 많이 뜯어 오지 못하면 놀다가 게으름 피웠다고 꾸지람을 들어야 했단다.

　토끼풀 뜯는 것이 힘들었기에 아름다움이나 특징 같은 것은 느끼고 생각할 여유가 없었어. 그래도 떠오르는 생생한 추억 하나는 있구나. 내가 좋아하던 옆집 여자 친구가 있었지. 그 시절엔 여학생들도 풀을 뜯으러 다녔으니까 함께 잘 갔단다. 그럴 땐 통실통실하고 예쁘게 핀, 줄기가 가장 길고 충실한 꽃을 골라서 꽃반지를 만들어 손가락에 묶어 주곤 했지. 반지 하나로 만족하지 못해서 손목 시계도 만들어 팔목에 묶어 주곤 했단다.

　그렇게 기르는 토끼가 새끼를 낳고 한 달쯤 지나면 젖을 떼고 시장에 내다 팔게 된단다. 정성들여 기른 새끼를 팔고 나면 얼마나 섭섭했는지 몰라. 그래도 노트나 연필을 살 수 있었기에 아쉬운 마음을 달랠 수 있었단다.

　토끼를 잘 먹여야 새끼를 많이 낳는다는 아버지의 말씀을 듣고, 옆집 친구보다 조금이라도 잘 먹여서 많은 새끼를 얻으려고 욕심 부리며 토끼풀을 뜯으러 헤매던 때가 어제같이 떠오르는구나. 한 마리만 더 낳으면 이번엔 크레용과 도화지를 살 수 있다는 꿈을 꾸었기에 토끼풀만 있으면 아무리 멀어도 찾아다녔단다.

　수도 생활을 시작한 지도 이십칠여 년이 되었구나. 나 같은 범인이 득도한다는 것은 감히 상상도 할 수 없는 일이고, 돌아보면 아쉬움이 더 많은 생활이었지. 수도자란 간판만 내걸고 내용 없이 보낸 시간 앞에 부끄러움을 감출 수가 없구나.

　지난 날의 내 모습을 생각하면서 또다시 산책길을 걸었지.

아직도 푸른 색을 지탱하고 있는 토끼풀을 보면서, 빳빳한 잔디도 이미 퇴색되었는데 연약한 잎줄기들이 어떻게 변하지 않고 있을까 하는 의문을 가져 본단다. 공동 생활을 강조하는 것이 이곳 수도원 특징 중의 하나인데, 그 동안 나는 혼자서 언제나 모르는 것이 없다는 듯이 똑똑한 체 하고 살아 왔음을 부인할 수 없어.

 찬이슬과 찬바람이 들어갈 틈도 없이 똘똘 뭉쳐서 줄기는 잎을 받치고 잎은 줄기를 덮고 있는 토끼풀의 모습에서 공동체성을 다시금 확인한단다. 연륜 있는 선배들은 받들고, 젊은 후배들의 어려움을 덮어 주고 도움을 주면서 살아야 더 잘 살 수 있다는 걸 이제 깨닫게 되나 봐.

 얼마 안 있으면, 파아란색 토끼풀도 마르겠지. 그리고 긴 겨울을 마치 죽음처럼 보내고 난 뒤 새로운 잎을 틔우고 하얀 꽃을 피우겠지. 그때는 꽃반지와 손목 시계를 만들어 선후배들에게 나누어 주는 여유를 부려 봐야지. 토끼풀의 어우러져 자라는 강인한 모습을 되새기면서, 매일매일을 받치고 덮어 주는 마음으로 살고 싶구나.

3부 산수유 물꽃 향기

철쭉제와 물꽃제 | 눈꽃 산호의 사랑 | 자주 바다나리
산수유 물꽃 향기 | 바다 백합 피는 계곡 | 성게 가시와 장미
카스피아 눈물 | 개불알풀꽃의 대왕님

철쭉제와 물꽃제

올 일월에도 내 집 현관에선 철쭉이 피어났다. 제 계절에 피는 것만큼 붉은 빛은 아니어도, 제법 진분홍빛에 가까운 게 꽃송이는 더 탐스럽다. 게다가 몇 년 키우는 사이에 한껏 뻗어 나간 잔가지의 끝에서마다 봉오리가 맺혀, 얼마나 옹골차게 피어나는지. 마치 철쭉꽃이 만발한 산 언덕 하나가 집 안으로 옮겨 오기라도 한 것 같다.

꽃집에서 사올 때는 자그마하던 것이 작년에 분갈이까지 하고 나자, 꽃나무라고 해도 될 정도로 키가 커졌다. 날씨가 추워지면서 좁은 현관에 들여 놓은 뒤에는, 가지가 벽에 닿아 제대로 뻗지 못하고 있는 게 안쓰러웠다. 구겨진 모양새로 피는 꽃을 한송이라도 더 제대로 피게 하려고, 화분을 앞쪽으로 좀 끌어당겼다. 그랬더니 현관이 아예 철쭉꽃으로 꽉 차 버렸다. 내 집에서 철쭉제라도 열리고 있는 양 들뜬 기분이 됐다.

한겨울에 꽃이 피어났다는 사실만으로도 환희이련만. 거기다 저토록 탐스럽게, 가지가 휘어져라 하고 연이어 피어나고 있으니, 올해엔 정말 기쁜 일이라도 생기려나.

그것은 작년 일월에도 흡사하게 품어 보았던 소망이었다. 밖엔 흰 눈까지 쌓였는데, 그때도 현관에선 엷은 진분홍빛 철쭉이 스무 송이 남짓 피어났었다. 사오던 해에 꽃을 보고는 벌써 이태째 이파리만 무성한 채로 지나가다가 그렇게 피니, 얼마나 귀하게 여겨지는지 몰랐다.

피어나는 철쭉꽃을 기쁨에 차서 바라보는 동안 철쭉꽃의 축제가 연상됐다. 말로만 들었을 뿐인, 지리산과 한라산의 온 산이 타는 듯하다는 그 이름난 철쭉제가.

해마다 오월이면, 지리산 세석고원 일대에는 붉은 철쭉꽃이 만발한다고 들었다. 유월 첫째 토요일과 일요일에 걸쳐 그곳에서 열리는 철쭉제에는 꽃보다 많은 사람들이 모여들어 흐드러져 핀 철쭉꽃과 한데 어우러진다고 했다.

내가 지리산에 갔을 때는 팔월이라 세석고원에서 텐트를 치고 하룻밤을 머물면서도 철쭉꽃은 볼 수가 없었다. 잔돌이 깔린 비탈에 짙푸른 잎새만으로 서 있는 철쭉을 바라보며, 저들이 모두 꽃을 피우면 대단하겠구나 하는 상상을 했다.

그것은 유난히 붉은 철쭉꽃이 핀다는 한라산에 가서도 마찬가지였다. 제주도에서 교편을 잡았다는 한 선생님에게서 철쭉꽃 이야기를 전해 들은 적이 있었다. 수업을 하다가도 창 밖을 바라보면, 산기슭이 온통 불 붙는 듯이 다가오곤 했었다고.

하지만 아쉽게도 내가 한라산에 갈 기회가 생긴 건 십이월 말이었다. 영실에서 서쪽으로 내려가면 나타나는 1,100m 고지에도 늦봄이면 철쭉꽃이 만발한다는데, 철쭉꽃 대신 눈꽃이 피어 있었다. 눈부시게 빛나는 눈꽃도 아름다웠지만, 철쭉꽃을 보았더라면 하는 마음은 그래도 남았었다.

의외인 것은 철 이르게 피어난 내 집 현관의 철쭉꽃을 바라보고 있는 사이에, 그 산들의 철쭉꽃 축제에 대한 미련이 가시어 간다는 사실이었다. 오히려 철쭉꽃이 너른 기슭을 뒤덮어 장관을 이룬다는 철쭉제보다, 지금 내 눈앞에서 펼쳐지는 몇 송이 철쭉꽃의 축제가 더 의미 있게 여겨졌다.

오월이면 열리는 그 산의 철쭉제가 그 무렵 산을 찾는 모든 이들의 것이라면, 철을 앞당겨 내 집에서 열리고 있는 이 조촐한 철쭉꽃의 축제는 나와 나의 가족만을 위한 것일 테니. 그것을 마침 새로 시작된 한 해의 상서로움으로 받아들여도 될지. 그 설레임 안에서 옛 시가 속의 여인이 떠오르는 건, 그녀 역시 붉은 철쭉꽃을 보며 지금의 나와 같은 감정을 품었으리라 여겨져서일까.

> 자줏빛 바위는
> 잡은 암소 놓게 하시고
> 나를 부끄러워하지 않으실진댄,
> 저 꽃 꺾어 바치오리다.

신라 선덕왕 때, 한 노인이 수로부인에게 꽃을 꺾어 바치며 불렀다는 노래에는 이야기가 담겨 있다. 강릉 태수로 부임하는 남편 순정공을 따라가다가 바닷가 절벽 끝에 만발한 철쭉꽃을 보게 됐다. 수로부인은 누가 가서 한 가지만 꺾어다 줄 수 없겠느냐고 했지만, 아무도 나서려고 하지를 않았다. 그때 암소를 끌고 지나가던 한 노인이 내가 꺾어다 드리다 했다. 그리고는 소를 바위에 매어 놓고 나는 듯이 올라가서 꽃을 꺾어다 바치며 노래까지 지어 불렀다.

수로부인이 손에 닿지 않는 철쭉꽃을 그토록 가지고자 했던 것은, 단지 그 아름다움에만 끌려서였을지. 아니면 내가 그러하듯이 그 꽃을 앞날의 길한 징조로 받아들여서였을지.

우연의 일치인지는 몰라도, 내 집 현관에서 피어난 철쭉꽃이 「헌화가」에 나오는 철쭉꽃만큼이나 귀하게 여겨지던 지난 해, 이루어지리라고는 꿈에도 생각지 않았던 꿈을 이룰 수가 있었다. 바닷속 언덕에 진홍빛으로 만발해 있는 물꽃들의 축제를 볼 수 있었던, 아직도 믿기지 않는 환희.

바닷속을 향해 품어 온 동경이 구체화되었을 때, 우선 물꽃을 보고 싶었다. '바다의 꽃'이라 일컬어지는 그 물꽃을 처음 대한 건, 오 년 전. 가족과 함께 제주도에 가서 대국 해저관광에서 운행하는 '노란 잠수함'을 타고서였다. 처음엔 마다하던 시어머님께서도 막상 잠수함이 문섬 앞바다로 들어가자, 동그란 창문을 통해 보여지는 바닷속 풍경에 감탄사를 연발하셨다. 남편과 아이는 말할 것도 없고, 나는 언덕에서 자라는 해초며 그 사이를 오가는 색색가지 물고기에 넋이 나갈 정도였다.

'물꽃' 이라 불린다는 말을 듣고 본, 붉은 꽃가지가 포기를 이룬 듯이 보이는 맨드라미산호는 꽃을 연상시키고 남았다. 그러다가 한 잠수부가 밖으로 나가 진자줏빛 성게와 불가사리 등을 잡아 보여주는 걸 대하노라니, 나도 한 번 저래 볼 수 있었으면 싶었다.

뜻밖에도 그 꿈이 이루어진 것은 봄부터 시작한 다이빙 강습을 마치고 나서 몇 달 후인 지난 여름, 클럽 사람들과 함께 제주도 문섬에 가서였다. 장비를 가득 실은 배를 타고 모기가 많아 문섬이라고 불린다는 그 섬 앞에 있는 엄지바위에 내려서 준비를 했다. 고대해 온 일이면서도 막상 출렁이는 잉크빛 바닷물을 보자 엄두가 나질 않았다.

바닥까지 매어져 있는 하강줄을 잡고 천천히 내려가노라니, 잠수함을 타고 보았던 붉은 물꽃들이 눈에 들어오기 시작했다. 그 물꽃이 유난히 많이 피어 있는 곳을 일컬어 바닷속 꽃동산이라고 한다더니만, 가히 물꽃의 축제라 불러도 좋으리라 여겨졌다.

'바다맨드라미' 라고 불리우는 그 물꽃은 원래 화충류(花蟲類)인 산호의 일종으로, 뼈대가 없이 물렁물렁한 몸체에 꽃같이 펼쳐지는 여덟 개의 촉수인 폴립이 서로 붙어 자라는 연산호(soft coral)에 속한다고 했다.

연산호 중에서도 다양한 색깔이며 꽃가지를 이룬 모양새가 유난히 아름다워, 보는 이들의 감탄을 자아냈다. 물밖으로 가지고 나오면 이내 우굴쭈굴해지고 말기 때문에, 바닷속에서가 아니면 그 화려한 자태를 결코 마주할 수 없다는 것.

그 또한 물꽃만이 지닌 신비로움이었다.

수심이 깊어 공기 잔압계의 눈금이 뚝뚝 떨어지는 탓에 온종일이라도 머물며 바라보고픈 그 물꽃들을 뒤로 하고 나올 때는, 너무나 아쉬워서 눈물이 났다. 그건 어쩌면 물꽃들의 축제를 볼 수 있는 기회가 허락된 내 삶에 대한 기쁨의 눈물인지도 몰랐다.

한겨울 스무 송이 남짓 피어난 철쭉꽃을 보았던 지난 해에 바닷속 물꽃제의 꿈을 이루었으니. 그 꽃이 가지가 휘도록 다시금 피어나 준 올해에는 또 어떤 꽃의 축제를 보게 되려나. 조용히 눈을 감고 그려만 보아도 가슴이 설레어 온다.

눈꽃 산호의 사랑

물속을 모를 때는 눈꽃이 뭍에서만 피는 줄 알았다. 새벽 안개가 나무를 스치고 지나간 뒤 찬바람이 불면, 그 물기가 얼어붙어 생기는 하얀 눈꽃. 나뭇가지가 눈의 결정체 같은 얼음조각에 둘러싸여 피어난 그 꽃들은 탄성을 올리게 했었다.

한데 그런 눈꽃을 전혀 예상치 않게 물속에서 마주 대했을 때, 자연의 아름다움이란 이렇게 정반대의 환경 속에서도 일치를 이룰 수 있는 것이구나 싶어 가슴이 뛰었다.

열대 바다에서 끝이 희끗희끗한 사슴뿔산호가 죽 깔려 있는 것을 보며, 철쭉의 마른 가지에 초설이 내린 풍경을 연상한 적은 있었다. 그러다 문암에 가서 안개와 찬바람이 만나 피어난 눈꽃을 닮은 산호를 대하게 되니, 감탄이 놀라움으로 변하는 거였다.

맑고 차가운 물속에 자리한 절벽과 그 절벽 면에 가로붙어 자라고 있는 손바닥만한 산호들. 그들은 갈색의 가지에 눈송이가 내려앉은 모양새와 가지 전체가 눈으로 감싸인 새하얀 눈꽃의 모양새를 하고서 겨울산의 정취를 자아내고 있었다.

내가 뭍에서 피어나는 눈꽃에 매료당한 건 벌써 오래 전이었다. 언젠가 교무실에서, 눈이 내려 나뭇가지에 쌓이는 걸 보며 눈꽃이 피네요라고 했었다. 딱히 누가 들으라고 한 말은 아니었는데, 빙벽 등반까지 하는 선생님이 다가오며 진짜 눈꽃은 저게 아니에요 하고 말을 건넸다. 그리곤 전혀 다른 눈꽃 이야길 들려주었다.

"갑자기 기온이 내려가는 늦가을 산이나 겨울 산에서 안개가 짙게 끼는 새벽이면, 안개에 섞인 물방울에 나뭇가지가 축축해지고 거기에 찬바람이 지나가면 이내 얼어붙지요. 그러면 나뭇가지가 몽땅 자잘한 얼음조각들에 둘러싸여, 마치 눈을 입힌 것 같은 모습이 돼요. 바람이 심하게 불면 한 쪽 면에서 얼음조각이 서릿발처럼 삐죽삐죽 솟아나기도 하는데, 그것이 햇빛을 받아 무지개 빛깔로 빛나는 걸 보노라면 선계가 따로 없구나 싶어요."

기회가 닿으면 꼭 한 번 보리라 했던 그 눈꽃에 대한 바람이 이루어진 것은 몇 년 전 초겨울. 하루를 자고 오는 교사 연수회가 있을 때였다. 마침 가벼운 산행도 겸하고 있어서 혹시나 했는데, 새벽에 일어나 산길을 오르려니 하얀 빛깔을 띤 나뭇가지들이 여기저기서 눈에 띄었다. 얼음조각이 솟아날 정도의 눈꽃이 핀 건 아니었지만, 얼마나 신기하게 보이는지 몰랐다. 눈이 내려서 쌓인 눈꽃과는 다르다는 말을 듣고서 살펴보니, 눈이 나뭇가지 윗쪽에만 소복이 쌓여 있던 것과는 사뭇 달랐다.

눈이 내려서 피어난 눈꽃이 만발한 벚꽃을 연상시킨다면, 나뭇가지가 섬세한 얼음 알갱이로 입혀져 피어난 그 눈꽃은 밥풀 같은 꽃송이가 다닥다닥 붙은 박태기꽃을 연상케 했다.

"이건 어쩌면, 짙은 안개가 나뭇가지를 감싸안으며 서로 사랑을 나눈 흔적과도 같구나. 아직 어둠이 걷히지 않은 새벽, 차가운 바람 안에서 이루어진 그 사랑의 결정체가 바로 저 하얀 눈꽃인지도 모르겠구나."

일행을 따라 꼭대기까지 갔다가 되돌아 내려오며 흰옷을 입은 나무들을 또 볼 수 있으리라 여겼다. 한데 눈꽃은 간 곳이 없고 나뭇가지에서는 이슬이 맺혀 떨어지고 있을 뿐이었다. 가지를 둘러싸고 있던, 눈처럼 부드러운 얼음조각들이 아침 햇살에 다 녹아 버렸기 때문이라고 했다.

순간 나뭇가지에 매달린 그 물방울들이 안개의 손길을 원 없이 품어 안았던 나무의 눈물로 보여졌다. 찬바람 스치는 새벽에 피어났던 사랑의 꽃은 자취없이 스러져 가고, 그리움만이 남아 방울져 떨어지고 있는 양 해서 가슴이 저려 왔다.

깊고 짧은 사랑의 모습으로 마음에 새겼던 그 눈꽃을 또다시 보게 된 건, 이듬해 겨울 한라산에 가서였다. 중문단지 조경 공사를 맡고 있던 남편 덕분에 모처럼 사나흘 머무를 수가 있어서 산행을 하자고 졸랐다.

하지만 가기로 한 날 따라 산에 눈이 쏟아지는 바람에 어리목산장으로 향하는 버스는 좀처럼 오지 않았다. 산 저쪽에서 중턱을 가로질러 넘어왔다가 다시 넘어간다더니만, 올 시간이 한참 지났는데도 영 소식이 없었다. 두 시간 가까이 기다려 간신히 넘어왔다는 그 버스를 타고 어리목산장에 닿았을 때는, 오전 열 시가 넘어 등산로로 들어갈 수가 없었다. 해가 지기 전에 하산을 못 하게 될 위험이 따라서 안 된다는 거였다.

산 밑에는 노란 감귤과 빨간 명자꽃이 있고, 좀 오르면 낙엽이 지고 눈발이 날리다가는 이내 설원이 되기에, 저 눈길을 헤치고 걸으면 흰 사슴이 산다는 백록담에 오를 수 있겠구나 싶었는데. 그래도 1,100m 고지까지 되돌아 걸어 내려오는 동안 눈꽃을 마음껏 볼 수가 있어서 아쉬움이 덜했다. 내린 눈이 쌓여 벚꽃처럼 피어난 눈꽃은 말할 것도 없고, 나뭇가지를 스쳐 간 안개의 너울이 박태기꽃처럼 피어난 눈꽃 또한 만발해 있었다. 더구나 그 눈꽃들은 잠깐 햇빛이 비칠 때마다 영롱한 빛을 발하곤 했다.

그걸 보면서도 연이어 떠오르는 건 물방울로 화해 버렸던 눈꽃의 또 다른 모습. 지금은 저렇게 눈부시게 피어 있는 눈꽃들이, 이 겨울이 가고 봄이 오기 시작하면 어느 결엔가 다 녹아서 스러져 버리겠지 하는 거였다.

그리고 나면 안개의 손길을 간직한 채 그 자리에 서 있을 수밖에 없는 나무의 가지엔, 아린 눈물이 맺혀 떨어지고. 눈꽃의 사랑이 그렇게 사라지듯이, 우리네의 사랑 또한 진실로 깊게 피어난 것일수록 그처럼 자취 없이 져 가야 하는지도 모르리라 싶었다.

눈꽃을 통해 그러한 사랑의 모습을 새기고 난 뒤부터, 난 함부로 사랑을 입 밖에 내어 말하지 않게 됐었다. 그러다 지난 해 시월이 끝나 갈 무렵, 맑고 차가운 늦가을 물속에서 뜻밖에도 그 눈꽃을 다시금 보게 될 줄은.

작은 어항에서 배를 타고 나가 들어간 물속은 수심이 30m가 넘었다. 수면에서 10m 정도까지는 그래도 훤하더니 그 다음부터는 어두침침해졌다. 그 속에서 계속 내려가자, 저 아래 바닥이 보이기 시작하며 더할 나위 없이 맑아졌다. 30m나 들어온 물속이, 마치 물이 없기라도 한 양 어찌 그리 투명할 수가 있는지. 그런 만큼 수온도 4℃밖에는 되지 않아 장갑을 낀 손이 곱아서 잘 펴지지가 않았다.

얼음 같은 물속에서 살아서일까. 샘물이라도 솟아날 것 같은 바위 틈에서 노니는 물고기들 또한 눈알이 유난히 때글때글해 보였다. 눈에 익은 감태나 다시마의 이파리도 정갈하기 그지없는 느낌을 주었다. 5mm 슈트를 입은 터라 등줄기로 스며드는 찬 기운 때문에 얼마 머물지를 못하고, 옆으로 이동하며 20m쯤 되는 곳으로 올라왔다. 그러자 능선의 굴곡이 심한 절벽이 나타났다.

절벽 면에는 갈색 가지에 하얀 폴립이 붙어 눈이 내려앉은 나뭇가지의 모습을 한 고르고니안 산호와, 눈에 감싸인 모습을 한 새하얀 가지의 뿔산호들이 줄줄이 붙어 자라고 있었다.

"분명 겨울산에서 보았던 눈꽃을 이 깊은 물속에서 다시금 보고 있다니. 새벽 안개가 나뭇가지를 스치며 하얀 눈꽃을 피워내듯이, 맑고 차가운 바닷물이 산호의 가지를 감싸고 돌면서 곱게 얼어붙기라도 한 걸까."

 거기다 산호의 가지 위에서만 먹이를 구한다는 ─ 등어리 전체에 꽃술과도 같은 돌기가 나 있는 ─ 하얀 갯민달팽이들까지 여기저기 붙어 있었다. 그 달팽이들은 맑은 사랑을 품었던 이들의 영혼이 화해 눈꽃 산호의 가지에 날아든 나비처럼 보이기도 했다.

 비경이라기보다 선경이라는 말이 어울릴 그 물속에서 피어난 눈꽃을 보며, 또 한 번 깊고 진한 사랑의 아픔을 생각했다. 산에서 만난 눈꽃과 더불어 물속에서 만난 그 눈꽃 산호보다, 더 강하게 영혼적인 사랑을 느끼게 하는 존재를 만나게 될 것 같지가 않다.

자주 바다나리

바다나리가 그토록 의미 깊은 존재로 다가올 줄은 미처 몰랐다. 뭍에 피는 나리도 좋아하는 꽃인데, 바닷속에서 본 나리는 그보다 몇 배 마음을 이끌어 갔다. 바다백합 또는 갯고사리로도 불리우는 바다나리가 불가사리, 거미불가사리, 성게, 해삼과 더불어 극피동물을 이루는 한 무리라는 것은 알고 있었다.

그런데도 내 눈에는 여전히, 여러 개의 깃털이 달린 줄기를 가진 노랑빛과 연둣빛과 짙은 녹빛의 바다나리가 식물로 보여졌다. 더구나, 빨간빛이 도는 자줏빛을 띤 바다나리는 아무리 보아도 선연한 아름다움을 지닌 꽃에 가까웠다.

강구에 있는 축산 앞바다에서 처음 바다나리를 보았을 때는 꽃갯지렁이와 구분이 잘 안 갔다. 섬세하고 여린 깃털을 지닌 꽃갯지렁이가 자라서, 그보다는 훨씬 크고 억세 보이는 바다나리가 되는 줄로 여겼다.

다이빙을 끝내고 나와 이야기를 나누다가 두 가지가 다른 종류라는 걸 알게 됐다. 그리고는 책에서, 바다나리가 삼엽충이나 완족동물 등 일부 바다동물을 제외하고는 원시의 바다에 가장 일찍 나타난 동물 중의 하나라는 사실을 덧붙여 알게 됐다.

그 뒤, '세계 자연사 전시회'에서 미국이 산지로 되어 있는 미시시피아기의 바다나리류 화석을 본 적이 있다. 짙은 회색의 깃털과 자루가 황토색 돌에 거꾸로 박힌 모양이었다. 그것이 동물이라는 사실을 알고 있어서인지, 돌 안에 갇혀 죽어 가며 냈을 신음 소리가 들리기라도 하는 것 같았다.

고대 바다에 살았던 바다나리류는 식물의 뿌리를 닮은 자루 부분을 바닥에 붙이고, 그 위에 달린 깃털팔을 벌려 먹이를 잡아먹었다고 한다. 원시형의 그 바다나리가 아직 남아 있기는 하나 모두 수심이 깊은 바다에서만 볼 수 있고, 내가 만난 자루가 없는 바다나리는 비교적 얕은 바다에서 흔히 눈에 띄는 종이라고 들었다.

모양이 약간 다르다고는 해도, 한포기 고사리나 꽃송이로 보인 바다나리가 사람과는 비교가 안 될 정도로 오래 전부터 살아온 동물이라는 데는 놀라지 않을 수가 없었다. 1~2억 년 전의 화석으로까지 남아 있는 걸 확인하고 나니 더욱 그랬다.

한데, 필리핀 아닐라오 섬 앞바다에서 바다나리를 만났을 때는 다른 의미로 다가왔다. 그것은 원시시대부터 살아온 존재로서가 아니라, 꽃을 닮은 아름다움과 함께 종교적인 상징성을 지닌 존재로 보여졌다.

바다나리를 만난 그날의 다이빙이, 내게 있어서는 우리 나라가 아닌 해외 바다에서의 첫 다이빙이라 설레임이 컸다. 하지만 야간에 하게 되어 두려움도 없지 않았다. 수중 전지의 불빛이 가닿는 대로 모습을 드러내는 바닷속은 기대 이상이었다. 현란한 색채를 자랑하는 산호와 말미잘과 물고기들의 향연장이라고밖에 달리 표현할 말이 없었다. 그 중에 가장 인상적인 것이 꽃자줏빛을 띤 바다나리였다.

활짝 핀 한송이 꽃이라도 되는 양, 승리를 축하하는 화관이라도 되는 양, 깃털팔을 한껏 벌리고 너울대는 자줏빛 자태들이 여기저기서 눈에 띄었다. 그 아름다움이 얼마나 강렬한지 나중엔 산호도 말미잘도 물고기도 다 뒷전이었다.

다음날 아침엔 일어나자마자 밤에 갔던 그곳으로 다시 나갔다. 들어가 보니 바다나리는 여전히 많은데 깃털팔을 모두 안으로 말아들인 모습이었다. 밤이 으슥하도록 이어진 물 속 향연이 끝난 뒤, 새벽 무렵에야 잠이 들기라도 한 걸까.

게다가 불빛을 받지 않아서인지 화려하기까지 하던 깃털의 꽃자줏빛은 어두운 자줏빛으로 바뀌어 있었다. 밤에 본 것이 환희에 찬 모습이었다면, 아침에 보여지는 것은 고통에 일그러진 얼굴을 묻고 흐느끼는 형상이었다.

뜻밖인 건, 그 웅크린 모습을 보는 순간 바다나리가 정말 동물이구나 하고 실감이 났다는 사실이었다. 한 번 그런 느낌이 오고 나니, 슈트나 장갑에 덥썩 붙어 깃털팔이 부서진 양을 보노라면 돌 안에서 굳어진 형상을 볼 때처럼 마음이 아팠다.

  한 번은 폭이 좁은 동굴을 통과하는데, 후드를 쓰지 않은 머리에 자줏빛 바다나리의 깃털팔이 엉겨 붙었다. 물밖에 나와 손가락으로 일일이 훑어내리자니, 마치 저며진 살점을 뜯어내기라도 하는 듯한 기분이 들었다.

  계속된 다이빙 일정 속에서 바다나리가 지닌 상반된 모습을 번갈아 지켜 보는 동안, 그 모습 안에 담겨진 의미를 발견하게 됐다. 그리고 그 자줏빛이 우선 내 안에서 종교적인 감흥을 불러일으키고 있음을 알 수 있었다.

  자줏빛은 신성(神性)이 거두어지고 인성(人性)만 남은 모습으로 끌려가 십자가에 못박힌 예수님이 마지막으로 입었던 옷의 빛깔이었다. 로마 병사들은 당시 왕이 입었던 빛깔인 자줏빛의 옷을 채찍자국 무수한 예수님의 몸에 걸쳐 주며, 네가 진정 왕이라면 이 고통에서 벗어나 보라고 조롱했었다. 내가 다니는 성당의 십자고상 뒤에는 자줏빛 휘장이 쳐져 있는데, 그것 역시 그분의 마지막 옷을 연상시켰다. 마음이 괴로운 날 성당에 들러 물끄러미 바라보노라면 그래서 가슴이 저려 오곤 했다.

  평온한 일상 안에서는 나도 예수님처럼 순명하는 자세가 된 듯하다가도, 막상 조금만 바람이 불면 '어째서 이렇게 시달려야 하는 건가요' 하고 항명을 일삼는 눈빛. 상처는 늘 나만이 입는 것 같아 너무도 할 말이 많은 입술.

  들뜰 일이 별로 없는 십일월이면 으레 꺼내 입게 되는 자줏빛 스웨터가 있다. 늦가을 바람에 떨고 다니는 딸을 위해 오래 전에 친정어머님께서 떠주신 것이다. 십일월은 죽은 이들의 영혼을 위해 기도하는 달이기도 해서, 그 스웨터를 입고 성당에 가 앉으면 여지없이 예수님과 하나가 됐다.

 살아가면서 맞닥뜨리는 파도는, 어찌 그렇게도 온 힘을 다해 헤쳐 나가지 않으면 안 되는 것들뿐인지. 때론 내 자줏빛 스웨터가 예수님 고난의 옷이라도 되는 양 힘겹게 느껴진다. 어떤 시련도 달게 받아 안는 자세로 살아가라고, 어머님께선 그런 빛깔의 옷을 떠주셨던 걸까.

 거기다 십일월에 들어오는 며느리인 내게 시어머님께서는 자줏빛 비로드 한 감을 함에 넣어 보내 주셨다. 내가 그 빛깔에서 느끼는 감정을 알고 일부러 고르신 건 아니겠지만, 시간이 지날수록 결혼 생활의 어려움을 끝까지 감내하라는 의미로 받아들여졌다. 자줏빛에 부여한 의미가 너무 커서인지, 벌써 십오 년이 가까워 오도록 그 옷감을 넣어 두고만 있다. 문득 생각이 나서 꺼내 보면, 이제는 한복을 해입어도 되지 않을까 하는 생각이 든다. 하지만 그러다가는 또 자신이 없어져서 그냥 개켜 두곤 한다.

 망설이는 마음속에는 아마도, 지금의 내게 과연 순명의 자세가 있기나 한 걸까 하는 반성이 숨어 있어서인지 모른다. 지녀 온 자랑을 미련없이 떨구어내고 겨울을 향한 길목에 빈 손으로 선, 저 십일월의 나무를 닮은 순명의 자세가.

 지난해 초 다이빙을 시작하기 직전에, 가까이 지내 오던 사람과 심하게 다투었다. 한치도 물러서지 않고 부딪히다 보니 어쩔 수 없이 서로에게 상처를 입히게 됐다. 때맞추어 바닷속 여행을 시작하지 않았더라면 아직도 분을 삭이지 못했을 거라는 생각이 들 때가 있다.

공기탱크를 짊어지고 바닷가까지 한참 걸어가야 하는 경우가 생길라치면, 십자가를 지고 세 번씩이나 넘어지며 걸으셨던 예수님을 떠올리게 된다. 미미한 나의 고통 안에서 그분의 커다란 고통이 헤아려지기 때문일까.

자주 바다나리가 기쁨에 찬 밤의 모습과 힘겨워 등을 웅크린 낮의 모습으로 의미 깊게 다가온 것 또한 우연만은 아닐게다. 그러기에 어두운 자줏빛 형상을 닮은 아픔을 통해서, 화관처럼 펼쳐져 있던 꽃자줏빛의 환희를 얻으리라는 결의가 생겨난다.

그런 다짐을 품고 바닷속을 헤엄쳐 다니는 내 눈에 들어온—분홍빛 부채산호 가지 위에 홀로 앉은 바다나리는 내 방 벽에 걸린 십자고상을 연상케 하고 남았다.

산수유 물꽃 향기

꿈속에서 맡은 향기가, 깨고 나서도 그대로 코끝에 맴돌 수가 있는 걸까. 몇 년 전, 한 해가 시작되는 날 꾼 꿈은 눈을 뜬 뒤에도 사라지지 않던 향기와 더불어 내용도 특이해서 쉽사리 지워지지가 않았다.

어느 산인지는 분명치 않았으나, 퍽 낯이 익은 산길을 좋아하는 이들과 함께 오르고 있었다. 연녹빛을 띤 나뭇잎을 조용히 흔들고 지나가는 바람이 상쾌하게 느껴지는 오후였다. 걷다가 문득 눈을 들면 파란 하늘은 보이질 않고, 나뭇잎으로 된 야트막한 하늘이 다가오곤 했다. 그 하늘만큼이나 싱그러운 웃음을 나누며 얼마를 가다 보니, 갑자기 끝이 올려다보이지 않을 정도로 길고 가파른 오르막길이 나타났다. 크고 작은 돌들이 얼기설기 쌓여 있는 데다가 꼭 한 사람씩밖에는 다니지 못할 정도로 폭이 좁았다.

의아한 건 줄곧 앞에서 걷던 몇 사람이 그 길에 이르더니만 나더러 먼저 올라가라고 등을 떠미는 거였다. 보통 땐 앞으로 가려고 해도 뒤만 따라오라던 이들이, 그것도 오르기가 어렵게 생긴 길에서 이러나 싶어 야속했다.

실랑이를 하다가 결코 물러날 것 같지가 않은 그들의 태도에 밀려 하는 수 없이 맨 앞에서 오르기 시작했다. 두번 다시 따라나서지 않으리라 하며 한참을 오르노라니 위쪽에서 누군가가 손짓을 하는 듯한 느낌이 들었다.

고개를 들어 쳐다보자, 처음에는 올라도 올라도 보이지가 않을 것 같던 길의 꼭대기가 눈에 들어왔다. 그리고 꼭대기의 양쪽에 파르스름하게 머리를 깎은 여승 둘이 앉아 있는 게 보였다. 손에는 꽃가지가 하나씩 들려 있었다. 눈에 힘을 주며 바라보니 그 꽃가지는 노란 꽃이 활짝 피어난 산수유였다. 산수유꽃이라는 걸 아는 순간 그 향기가 아련히 코에 전해져 왔다. 그와 함께 "어서 올라와요. 오랫동안 기다렸어요" 하는 여승들의 목소리가 귓가에 들려 왔다.

나를 향해 손짓하는 꽃가지를 따라 오르는 길은 그러나 그 뒤로도 수월치는 않았다. 마음 같아서는 금세 오를 듯싶은데, 꽃향기가 조금씩 가깝게 맡아질 뿐 꼭대기는 여전히 멀었다. 얼마를 미끄러지기도 하고 넘어지기도 하며 다 올라갔을 땐 등이 푹 젖어 있었다.

내가 마지막 발자국을 힘겹게 올려놓자 여승들은 들고 있던 꽃가지를 흔들며 잘 왔다고 반겨 주었다. 꽃향기가 어찌나 진하게 코에 스며들어 오는지 잠시 숨이 멎는 것만 같았다. 그 향기는 마치 선계의 것이라도 되는 양, 일순간에 신비로운 느낌에 감싸이게 만들었다. 한동안 눈을 감고 꽃향기에 취해 있다가, 그제서야 나더러 앞서 오르라고 했던 사람들 생각이 났다. 길을 오르기 시작한 후로는 한 번도 뒤돌아보질 않았는데. 따라 올라온 그들도 향기에 취해 서 있는 걸까.

하지만 눈을 뜨고서 둘러보니 아무도 없었다. 여승들도 간 곳이 없고 향기만이 남아 있을 뿐이었다. 선뜻 이상한 기분이 들어 길 아래쪽을 내려다봤다. 다시는 내려갈 수 없다고 여겨질 정도로 밑은 아득히 멀었다. 거기서 가물가물하게 움직이는 그림자가 함께 산을 오르던 사람들이라는 걸 알 수 있었다. 아예 올라오질 않은 건지 올라오다가 도로 내려간 건지는 알 수 없었으나, 위를 올려다보며 나를 찾고 있는 것 같았다.

깨고 나서도 생생하게 코끝에 남아 있는 향기는 물론이려니와 내용 또한 예사롭지 않아서인지, 꿈이라고는 여겨지지 않을 만큼 고스란히 기억이 났다. 곰곰이 돌이켜볼수록 죽음의 예시인지도 모른다는 불안이 안겨 왔다. 여승들이 나를 부르던 것이며, 좋아하는 사람들로부터 떠나진 것 등으로 미루어 보아.

그러면서 얼마가 지난 이른 봄의 하루였다. 학교에서 돌아오는 길에 새로 생긴 꽃집 앞을 지나다가 산수유꽃을 보게 됐다. 끌리듯이 유리문을 밀고 들어서자 유독 그 꽃의 향기만이 꽃집 안에 그득히 퍼져 있었다.

길게 자른 꽃가지를 묶은 것이 한 단 있기에 싸달라고 했더니, 남자 주인이 다가오며 누가 부탁을 해놓은 것이라 안

된다고 했다. 그냥 내게 파시라고 떼를 쓰듯이 말했더니만, 잠시 난감한 표정을 짓다가 "그 사람에게는 못 구했다고 하지요" 하며 신문지로 둘둘 말아 주었다.

내 키의 반은 됨직한 그 꽃묶음을 안고 집에까지 오는 동안, 술처럼 생긴 노란 꽃송이에서 풍겨나는 향기가 얼굴과 머리에 은은히 배어드는 것 같았다. 긴 꽃가지들을 뚝뚝 꺾어 하얀 항아리에 꽂아 놓자 향기가 이내 방 안 가득히 퍼져 나갔다. 이파리라고는 없는 갈색의 마른 가지에 다닥다닥 붙어 있던 꽃망울들이 모두 벌어지면서, 향기는 더욱 짙어졌다. 한껏 피어났던 꽃송이들이 제풀에 지쳐 떨어질 때까지 내내 가시지를 않았다.

그 향기는 나로 하여금 산수유꽃의 꿈을 되살리게 했는데, 다행히도 죽음에 대한 불안으로만 여겼던 예전의 생각을 많이 바꾸어 놓았다. 누군가의 뒤를 따라 걷기만 하던 산길을 여승들이 흔들어 주는 꽃가지에 이끌려 나 혼자서 올랐었으니. 그것은 어찌 보면 가까운 사람들에게 매달려 온 안온한 정신의 테두리에서 벗어나, 이제는 깨치고 나가야 함을 이름이 아니었을까.

그 해석이 들어맞기라도 한 것인지 그 한 해 동안 나는 별 탈 없이 지내 오던 사람들을 여럿 잃었다. 전에는 눈에 띄지 않던 헛점들로 하여, 그들이 내 안에서 차지하고 있던 비중이 줄어들면서 차츰차츰 새가 떠진 거였다. 빛나는 별로 가슴의 밤 하늘에 떠 있던 그들이, 저 멀리 동이 터오는 새벽 기운에 맥없이 빛을 잃어 가는 데는 망연할 뿐이었다.

그런 속에서 한 해를 보내고 났을 때. 꿈에서처럼 길고 가파른 영혼의 오르막길 꼭대기에, 외롭지만 강하게 서 있는 내 자신을 볼 수 있었다.

바닷물 속에도 노란 산수유꽃이 활짝 피어나 있고 그 향기가 코에 진하게 와닿을 수가 있는 걸까. 그건 지난 해 일월. 필리핀 민도르 섬 앞에 있는 '산 아가피토'라는 포인트에서 다이빙을 했던 이른 아침이었다. 벌써 사흘째 이어지는 다이빙 일정에 좀 지친 데다가 잠까지 설쳐 머리마저 무거웠다. 자연히 물속에 들어가서도 신이 나질 않아서 비탈진 언덕을 따라 느릿느릿 움직이고 있었다.

한데 약간 아래쪽에 있던 짝이 탱크를 두드려 가며 나를 부르는 소리가 들려 왔다. 테이블산호며, 사슴뿔산호며, 바다나리며, 그 사이를 헤엄쳐 다니는 물고기들을 원없이 보았던 터라, 뭐 또 새로운 게 있겠나 싶어 시들한 마음으로 내려갔다. 그러다 노란 폴립을 한껏 펼치고 있는 한 포기의 연산호가 눈에 들어오는 순간, 어서 와서 보라고 계속해서 손짓을 해주고 있는 짝을 밀어제치기까지 하며 바싹 다가갔다.

그것은 바위 틈새에 뿌리를 내린 연산호였는데, 아래로 늘어뜨려진 가운데 줄기에선 갈색의 잔가지들이 뻗어 나와 있었다. 그 가지에 촘촘히 붙은 노란 꽃망울들이 터져 나오기라고 하듯이 피어 있는 모양은 영락없이 봄날 산에서 피어나는 산수유꽃이었다.

산수유라는 느낌이 듦과 동시에, 진한 그 꽃의 향기가 물안경 속에 갇힌 코에 스며드는 데는 나도 의아해서 믿어지질 않았다. 꽃가지를 감싸고 도는 건 눈을 깜빡이고 다시 보아도 분명 바닷물인데, 그 속에서 그윽하게 풍겨나는 향기가 맡아지다니.

물속에 들어가 머무를 때면 가끔씩 이곳이 꿈속과 하나로 통하는 세계가 아닐까 했었다. 산수유꽃을 그대로 닮은 연산호를 대하는 동안, 몇 년 전에 꾼 산수유꽃의 꿈이 되살아나 어느 때보다 그런 생각이 짙게 들었다.

꿈속의 꽃향기가 나로 하여금 그 무렵 지나치리만치 강했던 사람들에 대한 집착에서 벗어나게 해주었듯이, 물속에서 피어난 또 하나의 물꽃 향기는 때론 내 스스로도 지치곤 하는 감정의 변화의 바람을 좀 잠재워 줄 수도 있으려나.

혼자만이 본 듯한 신비스럽고 내밀한 물속 산수유꽃의 정원. 그곳을 두고두고 기억할 양으로 그 연산호의 가지 밑에서 엷은 보랏빛 잔돌 하나를 주워 들고 나왔다. 그리고는 꿈속과 물속에서 맡은 꽃향기가 그 돌에 오롯이 배어 있기라도 한 것처럼 잘 간직해 두었다.

바다 백합 피는 계곡

집 근처에 있는 꽃집 여자에게 내 수필집을 전할 수 있었던 건 한 해의 마지막 저녁이었다. 갖다 주마고 약속을 한 지 이 년이 넘도록 잊고 지내다가, 문득 생각이 났다. 미안하다는 말과 함께 전하니 얼마나 좋아하는지 몰랐다. 책을 받자마자 가슴에 꼭 안으며, 잘 볼게요 했다. 그러더니만 한사코 말리는데도 봉오리가 두서넛씩 맺혀 있는 백합을 일곱 대나 뽑아서 싸 주었다.

안고 돌아와 커다란 유리 꽃병에 꽂아 놓으니 봉오리들이 의외로 빨리 벌어졌다. 하룻밤을 자고 나자, 스무 송이 정도가 거의 다 피어서 향기가 은은하게 퍼져 나갔다.

백합의 향기 속에서 맞이하는 새해의 아침이라니, 이것이 야말로 삶의 축복이구나 싶었다. 그 속에서 하나둘 되살아나는 건 지난날 백합과 더불어 지녔던 기억들이었다.

'백합. 그 꽃의 향기에 취해, 가장 아름다운 죽음을 맞이하

고 싶다는 소망을 품었던 적도 있었지.'

여고 시절, 백합을 방 안 가득히 피워 놓고 잠이 들면 고통스럽지 않게 죽을 수 있다는 말을 들었다. 그것이 사실인지 아닌지도 모르면서, 생명을 가져갈 수 있다는 백합의 향기는 마음을 사로잡았다. 그 향기 속에서 잠든 듯이 죽고 싶다는 꿈은 내밀하게 간직됐다.

대학을 졸업하고 교사가 되면서 자취를 하게 됐다. 혼자만이 있을 수 있는 그 작은 공간에서, 식구들의 눈 때문에 하지 못했던 일을 해보고픈 충동이 일었다. 그 중 제일 먼저 떠오른 것이 백합을 피워 놓고 죽으리라던 꿈이었다.

어느 날 퇴근을 하면서 활짝 피어난 백합을 한아름 사 가지고 돌아왔다. 단지에 꽂아 놓고는 창문을 닫고 커튼을 내렸다. 불을 끄고 방바닥에 반듯이 누워 숨을 깊이 들이마시노라니 차츰 향기가 콧속으로 스며들기 시작했다.

죽음을 조금만 연습해 보리라. 오래 전부터 그려 온 아름다운 죽음의 모습을 조금만 훔쳐 보리라. 눈을 감은 채 그대로 얼마가 지났을까. 향기 탓인지 내 기분 탓인지, 모든 게 멀어지며 정신이 아득해졌다.

그때, 번개처럼 머릿속을 스치고 지나가는 게 있었다. 사랑하고픈 것, 해보고픈 것이 얼마나 많이 남아 있는데, 이대로 죽을 순 없어. 죽음에의 꿈은 훨씬 뒤에 이루어도 늦지 않을 테니 그만 일어나자.

그 뒤론 백합의 향기에 취해 세상을 저버린 여자에 대한 꿈은 접어 두고 지냈다. 그러다가 결혼을 하게 됐다. 남편의 집엔 시어머님께서 시골 마당에서 캐온 백합이 심어진 화분이 하나 있었다.

오월 무렵이면 꽃집에서 사는 것보다 길고 가는 꽃대에서 서너 송이의 꽃이 피어났다. 꽃송이는 작아도 향기가 얼마나 진한지 집 안 전체가 그 향기에 물드는 듯했다.

아마도 아이가 태어난 뒤였던가. 마루에 들여놓았던 화분을 남편에게 밖으로 내다 놓아 달라고 했다. '향기가 너무 독해서, 아기에게 나쁠 거예요' 하며. 베란다로 나간 화분을 무심히 바라보며 창문을 닫다가, 예전에 품었던 꿈이 떠올랐다. 저절로 씁쓰레한 웃음이 지어졌다. 언제부터 내가 이토록 철저하게 삶만을 염두에 두게 되었을까.

아이를 낳고 바로 영세를 받으면서, 내가 가지게 된 또 하나의 이름은 '체칠리아'였다. 중세 시대에 '체칠리아'라는 이름은 '첼리 릴리아', 즉 '천국의 백합'이라는 뜻을 지니고 있었다는 걸 나중에야 알았다.

로마의 귀족 체칠리이 가문의 딸로 태어난 그녀는 발레리아노라는 이교도와 결혼을 했다. 하지만 결혼식 날 저녁, 자기를 보살펴 주는 천사와 노사제 우르바노의 도움으로 남편을 영세시킨 후 동정녀로 지내다가 순교했다.

뜨거운 목욕탕에 가두었는데도 죽지 않자, 다시금 목을 세 번이나 칼로 내리치는 형을 당했다. 그 뒤 사흘 만에 숨이 끊어져 지하 묘지에 안치되었다가 훗날 성당에 모셔졌다.

십여 년 넘게 그 이름을 빌려 쓰고 있으면서도, 도무지 성녀를 닮은 데라고는 찾아 볼 수가 없는 내 자신이 때론 한심하게 여겨진다. 그나마 성녀의 축일에는 빠지지 않고 성당에 가서, '불쌍한 영혼'들을 위해 미사를 올리며 죄송한 마음을 대신하곤 한다.

"체칠리아 성녀여. 시인의 주보 성녀인 당신은 많은 이들에게 칭송을 받고 있는데. 저는……." 더는 기도할 말을 찾지 못해 가만히 앉아 있노라면, '그래. 내 가슴에 자리한 이 독한 삶의 의지만은 그래도 성녀를 닮은 부분인지 모르지'라는 생각이 든다.

전부터도 내 자신이 의지가 약하다고는 여기지 않았다. 한데 오 년 전, 어머니를 잃고 뒤이어 외할머니마저 잃으면서 스스로도 지독하다 싶을 정도로 의지가 강해졌다. 고혈압으로 쓰러져 육 개월 동안 병상에 있다가, 말 한 마디 못 하고 돌아가신 어머니. 일 년 후 흰 한복을 태우며 죽은 자의 환갑인 사갑(死甲)을 지내기까지, 내가 쏟은 눈물은 한 줄기 강을 이루고도 남았을 게다.

하나뿐인 자식인 어머니를 먼저 보내고 치매 현상마저 보이던 할머니는 이 년 후 화장터에서 한 줌 재가 되어 남았다. 그 가루를 바람에 날리며, 이번에는 또 가슴의 둑을 무너뜨리기라도 할 듯이 밀려드는 허망함에 눈물을 뿌려야 했다.

두 분을 보내고 나서 마음 둘 데 없어 헤매인 날들이 그토록 나를 힘들게 했던가. 그에 겹쳐, 내가 매달려 온 작업까지 실패로 돌아갔음을 확인하던 저녁.

지칠 대로 지친 마음을 이제는 그만 누이고 싶다는 생각 하나만으로 섣불리 손목에 상처를 냈다. 얼마 후 깨어났을 땐, 어머니의 못다 한 삶을 내가 마저 살아내고야 말겠다고 다짐을 할 만큼 독한 의지가 생겨나 있었다.

그 의지가 나로 하여금 여러 가지 면에서 어려웠던 스쿠버 다이빙을 시작하게 만든 건 아닐는지. 어머니와 할머니에 대한 그리움을 온 힘을 다하지 않고는 이루어낼 수 없는 일에 몰두함으로써 삭이고자 했는지도 모른다.

한데 물속에 들어가면 그리움은 오히려 더해져서 가끔씩 눈물이 났다. 시파단 섬 물속에서는 그것이 유난히 심해서 아예 울음이 나올 정도였다. 물속에서도 흐느껴 울 수 있다는 걸 그때 비로소 알았다.

절벽에 붙어 자란 부채산호 곁에 떠 있다 보면 상어도 함께 눈에 띄곤 했다. 순식간에 깊은 곳으로 사라지는 그 꼬리를 따라가면, 어머니와 할머니가 머무는 피안의 계곡에 닿을 수 있을 것만 같았다.

"그 계곡엔, 수심 100m가 넘는 바다에서만 산다는 바다백합(sealily)이 만발해 있을까. 해백합(海百合), 또는 갯고사리로도 불리우는 바다나리의 한 종류인 바다백합.

실은 동물이나 자루 끝에 달린 꽃모양의 깃털팔이 한 송이 백합을 연상시켜, 내게는 애초부터 꽃으로 자리잡은 그 연둣빛 물백합이."

검푸른 물살을 타고 올라와 귓전을 울리는 바다백합의―심연에만 피어 더욱 신비로운 느낌으로 남는―노랫소리. 그 속엔 아직도 세상살이에 묶여 있는 나를 기다리고 계신 어머니와 할머니의 음성이 깃들어 있었다.

"딸아. 뭍에 피는 백합과 더불어 물에 피는 백합까지 마음에 새긴 너는, 기어이 천국의 백합으로 피어나야만 한다. 남보다 깊은 아름다움에 맛들인 것만으로도 삶은 한층 고달프리니 다부지게 마음먹고 오늘을 헤엄쳐 가거라."

성게 가시와 장미

그날은 낮이고 밤이고 운이 나빴다. 그리고 모르면 해가 되기도 하지만 오히려 알아서 해가 되기도 한다는 걸 실감한 날이기도 했다. 필리핀 마닐라에 도착해 바탕가스라는 곳에서 보트 크루징을 시작한 지 이틀. 처음 접해 보는 열대 바다의 풍경에 한껏 고조되어 있던 내 기분은 그로써 착 가라앉아 버렸다.

눈이 커질 만큼 신기한 다른 것들과는 달리 애초부터 성게만은 두려움을 안겨 주는 존재였다. 가시의 길이가 30cm는 되어 보이는데다가 가운데 파란 점이 눈처럼 빛나고 있어서 상당히 위협적이었다. 그런 것이 한두 개씩 따로 있기도 하고, 대여섯 개 또는 열댓 개씩 무더기 지어서 가시를 서로 엇갈리며 움직이고 있기도 했다. 내 눈에는 그 모양이 마치 외계인이 타고 온 작은 우주선처럼 보여졌다. 그래서 반복되는 다이빙 때마다 신경을 곤두세우곤 했다.

한데 그날 야간 다이빙에서는 미처 그럴 겨를이 없었다. 다이빙 짝이 접사 촬영을 하면서, 찍는 대상물을 랜턴으로 비추어 달라고 했기 때문이었다. 낮에 광각 촬영을 할 때도 모델 노릇을 해주었는데, 밤에까지 부탁을 하니 좀 짜증이 나기도 했다. 그런 기분으로 입수를 하고 난 뒤였다. 앞서 가던 그가 무언가 찍을 것을 발견했는지 오라고 랜턴을 흔들었다.

세게 오리발을 차며 다가가니 산호 가지 사이에서 자고 있는 앵무고기가 눈에 띄었다. 주둥이 주변에는 자기를 보호하기 위한 그물막이 둘러쳐져 있었다. 시킨 대로 랜턴을 비추어 주기 위해 몸을 낮추었다. 그러다가 무심결에 랜턴을 들고 있지 않은 왼손으로 바닥을 짚었다. 순간, 무언가 뭉클한 게 만져졌다. 기겁을 해서 손을 뗐다가는 몸이 기우뚱하는 바람에 다시 그 옆을 짚었다. 그러자 금세 둘째 손가락의 첫째 마디와 그 아래 부분에서 따끔한 통증이 왔다. 성게의 길다란 가시가 부러지며 얇은 장갑을 뚫고 들어와 살 속에 박힌 게 분명했다.

"성게 가시는 한 번 박히면 살 속으로 계속 파고 들어가니까 조심해야 해요. 부러진 부분이 화살촉처럼 되어서 파내려고 하면 점점 더 깊이 들어가거든요."

서울서부터 동행한 강사가 주의를 주던 말이 떠올라서 통증보다 앞서는 건 불안감이었다. 거기다 그 불안감을 더해 주는 게 또 있었다. 그건 어느 다이빙 잡지에서 읽은 외국인에 관한 기사였다. 그 사람도 나처럼 다이빙을 하다가 성게 가시가 손가락에 박혔다. 대수롭지 않게 여겨서 약만 바르고는 놓아 두었는데 쑤시는 게 더해 갔다. 얼마 후 병원에 가보니 가시가 이미 관절을 손상시킨 뒤라 잘라낼 수밖에 없었다고 한다.

그 이야기까지 뒤이어 떠오르자 불안감은 아예 공포로 변해 갔다. 영락없이 손가락 하나를 잃는 게 아닐까 싶었다. 엎친 데 덮친 격이라더니 몸을 뒤로 빼는데 오른쪽 다리에 뭔가가 닿았다. 그와 동시에 느껴지는 건, 무릎 옆에서부터 종아리와 발목에 이르기까지 골고루 퍼져서 아우성을 치는 따끔거림이었다. 숫제 성게 무더기에 부딪히기라도 한 모양인지, 3mm 슈트를 입었는데도 맨살이 찔린 것처럼 아팠다.

어떻게 해야 좋을지를 몰라 몸을 곤추세우고 손가락과 다리는 구부린 채로 떠 있었다. 그런데도 사진 찍기에만 열중인 짝은 전혀 알아채지를 못했다. 하기야 주변은 어두운데다가 호흡기를 문 입으로는 비명을 지를 수도 없었으니, 그러는 것도 무리는 아니었으리라. 그래도 너무 무심하다 싶어 화가 나서는 랜턴을 꺼 버렸다.

코 앞도 안 보이는 캄캄함 속에 혼자 있자니 무섭고, 별수 없이 그와 가이드의 불빛이 움직이는 대로 좀 떨어져서 따라갔다. 그들이 내가 안 보인다는 걸 안 건 야속하게도 한참이 지나서였다. 갑자기 두 사람의 불빛이 흔들리기 시작하더니 만 원을 그려 가며 사방을 비추고 야단이었다. 그러다가 나를 찾아내고는 성급히 다가왔다. 선 자세로 떠 있는 걸 보고는 심상치 않은 일이 벌어졌음을 느꼈는지 양쪽에서 잡고 떠올랐다.

그리고는 수면에서 기다리고 있던 체이스 보트를 타고 바로 모선으로 돌아왔다. 장갑과 슈트를 벗어 보니 예상했던 대로 부러진 성게의 가시가 밤송이에라도 찔린 듯이 시커멓게 박혀 있었다. 더운 물로 씻어내고 구급 상자를 가져다 약을 바르고 하는 사이에, 짝은 미안하다는 말도 나오지가 않는지 보고만 있었다. 화가 나는 대로라면, 당신 때문에 이 지경이 됐다고 쏘아붙이고 싶었지만 그냥 참고 말았다.

방에 돌아와 누우니 따끔거리는 것은 처음보다 덜했다. 하지만 발라 둔 약 때문에 화끈화끈 해서 잠을 이룰 수가 없었다. 곰곰이 생각해 보면 성게가 널린 바닥을 손으로 짚게 된 건 뱀 때문이었다. 성게 가시에 찔리기 전, 먼저 바닥을 짚었을 때 뭉클하고 만져진 게 난 영락없이 뱀인 줄 알았다. 그래서 급히 손을 떼다가 균형을 잃고 다시 바닥을 짚은 것이 그만 성게였다.

전날 야간 다이빙 때만 해도 뱀 때문에 두렵지는 않았다. 뱀을 보게 된 건 그날 아침 다이빙 때였다. 산호 가지 사이로 스르륵 미끄러져 내려가는 뱀을 발견하고는 신기해서 다가갔다. 회색과 검은색이 번갈아 무늬진 모습이 뭍에서 만나던 뱀보다는 덜 징그러웠다. 게다가 바다뱀은 독이 없다는 말을 들은 터여서, 옆사람에게 보여주기 위해 손가락을 바짝 대며 가리키기까지 했다. 한데 앞서 가던 강사가 뒤를 돌아보더니만 급히 다가와 내 손을 탁 잡았다. 그리고는 어깨까지 세게 뒤로 밀어제쳤다.

왜 그러는지 영문을 몰라 했는데, 나와서는 눈을 크게 뜨며 도대체 정신이 있는 거냐고 소리를 높였다. 바다뱀은 코브라의 몇십 배나 되는 독을 가지고 있어서 물리기만 하면 수면으로 뜨기 전에 숨이 멎고 만다는 걸 몰랐느냐고. 그 말에 바다뱀은 독이 없다고 들었는데요라고 대꾸하자, 물뱀이 독이 없다고 했지 누가 바다뱀이 그렇다고 했느냐고 더욱 언성을 높이는 거였다.

문제는 그때부터 바다뱀에 대한 공포가 생겨나서 물속에 들어가 길다란 것만 보면 질겁을 하게 됐다는 사실이었다. 밤에도 물컹하고 만져진 것이 뱀이 아니었을지도 모르는데, 뱀으로만 여긴 채 지레 겁을 먹고 허둥대다가 결국은 성게 가시에 찔려 손가락과 다리가 그 지경이 되고 만 거였다.

바다뱀에 놀라고 성게 가시에 찔린 것만으로도 잔뜩 기분이 언짢았거늘. 다음날 아침 다른 여자 다이버들이 주고받는 이야기를 듣노라니, 다시금 약이 올라 견딜 수가 없었다.

"장미꽃처럼 생긴 누디브랜치 알을 봤어요?"

"아, 어제 오전 다이빙 때요. 정말 예쁘던걸요. 장미가 피어 있는 줄 알았어요."

그 다이빙 때 나는 짝의 광각 촬영을 위해 모델을 서주고 있었다. 특이한 꽃이라면 뭍에서도 다른 걸 다 제쳐 두고 달려갈 정도로 관심이 많았는데 하물며 물속에 피어 있는 장미꽃을 볼 기회를 놓치고 말다니.

다행히 손가락과 다리의 성게 가시는 더 이상 말썽을 부리지는 않았다. 닷새 일정을 마치고 돌아온 후에도 얼마 동안은 거뭇거뭇한 점으로 남아 있더니 차츰 희미해져 갔다. 잡지에서 읽은 내용은 그럴 수도 있는 한 예에 불과했는데, 공연히 불안에 떨었던 걸 생각하면 머쓱한 웃음이 나왔다.

무엇보다 흐뭇한 건, 그때 보지 못해서 아쉬웠던 누디브랜치의 알을 올 이월 필리핀 아닐라오에 가서 볼 수 있었다는 사실이다. 들어간 지 사흘째 되는 날 오후 다이빙에서였다. 삼십 분쯤 머물다가 나오려고 할 무렵이었다.

활짝 벌어진 연자주색—스트로브 불빛을 받아 사진에서는 원래의 빨간색으로 나오는—장미를 연상케 하는 그 알이 눈에 띄었다. 갯민달팽이라고도 불리는 누디브랜치는 색색가지로 그 고움을 자랑하는데 낳아 놓은 알까지 꽃모양을 하고 있으니, 정말 아름다운 바닷속 존재구나 싶었다.

뭍에서 피는 장미와 견주어도 결코 손색이 없을 듯한 그 장미는, 뱀과 성게 가시로 하여 씁쓸했던 전날 필리핀에서의 다이빙 기억을 말끔히 지워 주었다.

카스피아 눈물

눈에는 눈물이 어리지 않는데도, 가슴에선 마른 눈물이 떨어지는 날이 있다. 그런 날은 엷은 보랏빛 카스피아를 한다발 산다. 이파리는 하나도 없이, 여러 갈래로 퍼져 나간 가늘고 빳빳한 줄기에 깨알보다도 작은 꽃들이 촘촘히 붙어서 핀 그 꽃은, 애초부터 마른 느낌을 지니고 있다.

바싹 들여다보아야 보이는 자잘한 꽃송이에서는 그래도 향기가 폴폴 배어 나와, 그것으로나 살아 있다는 촉촉한 느낌을 전해 받을까.

그 대신 여느 꽃들과는 달리, 얼마를 두어도 처음의 마른 느낌 그대로여서 피고 짐의 차이를 따로이 느끼지 않게 한다. 어떤 땐 사자마자 아예 말리기도 하는데, 다른 꽃 같으면 내 목이 마르는 듯한 느낌이 들기도 하겠지만 카스피아는 원래 그래서인지 괜찮다.

그런 카스피아에서 눈가로 넘쳐 흐르는 젖은 눈물보다 더

진한 마른 눈물의 의미를 발견한 건, 이 년 전 여름. 두 번째 수필집을 내고 난 뒤, 가슴 한가운데 자리한 슬픔 때문에 힘겨워할 무렵이었다. 물론 공들여 만든 책을 가까운 이들에게 돌리고 났을 때, 연이어 오는 편지와 전화는 나를 기쁘게 하기에 충분했다. 첫번째 책보다는 내용이 성숙해졌고, 표지화나 속그림 역시 잘 되었다는 말을 더불어 들으니 흐뭇하기 그지없었다.

하지만 기쁨이 큰 만큼 슬픔 또한 컸다. 인사를 받을 때마다, 그것이 얼마나 허망한 기다림인가를 잘 알면서도 혹시나 해지는 단 한 사람의 목소리.

"정원아, 책이 마음에 드는구나. 내 딸이 이렇게 많은 꽃 이야기를 써내다니, 참 대견하구나."

귓가에 들려오는 다른 이들의 목소리는 메아리 같은 빈 울림일 뿐. 난 기어이 어머니의 목소리가 듣고 싶었다. 육 년 전에 첫 수필집을 냈을 때, 어머닌 나보다 더 좋아하셨다. 단숨에 다 읽으시고는 한편 한편이 석류알같이 느껴진다고 눈물을 글썽이셨다. 하나, 나는 그 책이 썩 마음에 들지 않았었다. 처음으로 나만의 책을 냈다는 뿌듯함은 있었지만 너무 서두르다 보니 헛점투성이었다. 출판사를 하며 내 글을 몇 편 발표시켜 준 대학 선배의 재촉에 밀려, 첫번째 작품집을 망쳐 놓은 게 후회스러웠다.

한데 사람의 일이란 정녕 알 수가 없는 거였다. 그 책을 내고 나서 일 년이 못 되어 어머니가 돌아가시게 되자, 후회가 오히려 다행스러움으로 변했다. 그때 그렇게 내지 않았더라면, 어려서부터 글을 써온 딸의 작품집 하나 못 보고 돌아가실 뻔 하지 않았나.

그 책이나마 보고 가셨기에 슬픔이 그만하다 싶으면서도, 두 번째 책이 예상보다 잘 나오고 나니 못내 아쉬웠다. 어머니께서 보셨더라면 얼마나 기뻐하셨을까 하는 생각에 견딜 수가 없었다. 알 수 없는 건, 그렇게 슬픔이 가슴에 꽉 차 있는데도 눈에선 영 눈물이 나지를 않는다는 사실이었다. 어머니께 바친다고 여기며 만든 책이 나오면, 눈물을 줄줄 흘리게 될 줄 알았다. 아니, 밤새 소리내어 울기라도 할 것 같았는데 눈가에 잠시 눈물이 고이다 말 뿐이었다.

그것은 혼자서 어머니의 산소에 가서도 마찬가지였다. 가족들과 함께 다니던 산소엘 혼자 가려니 좀 두렵기는 했지만, 그렇게라도 하지 않으면 눈물조차 흐르지 않는 슬픔을 가눌 길이 없었다.

독립기념관 근처 병천 아우내장터에서 어머니가 묻히신 풍산공원까지는 십 리 정도 됐다. 버스가 자주 다니지를 않아 걷기로 했다. 시월 중순이라 햇볕도 따갑지 않고 바람도 서늘했지만 흙먼지가 이는 길을 걷는 마음은 힘겨웠다.

길가에 핀 흰빛 구절초만 보아도 어머니를 향한 그리움에 눈빛이 떨리고, 바람에 흔들리는 억새를 보노라면 어머니의 머언 먼 손짓이 느껴져 콧등이 시큰해 왔다.

그러면서 묘원 입구에 도착하니, 저 멀리 진달래 단지에 있는 어머니의 산소가 올려다보였다. 참았던 울음이 왈칵 터져 나올 듯하다가는 안으로 잦아들고 말았다. 꽃도 과일도 없이, 새로 펴낸 책 한 권만을 상석 위에 올려놓고 절을 했다.

뒷날 어머니 곁에 묻히기를 소망하는 아버지께서 합장묘로 마련을 하신 곳이라, 한 쪽은 비어 있었다. 어머니가 누워 계신 쪽으로 시선을 두니, 불현듯 장례식 때가 떠올랐다. 어머니는 너무 급작스레 진저리가 날 만큼 비참한 모습으로 우리 곁을 떠나셨다.

오 년 전 어느 겨울날. 고혈압으로 쓰러져 뇌에서 출혈이 있은 후 사흘 만에 잠깐 의식이 돌아왔다가는, 별안간 심장마비가 일어나 뇌사 상태가 되어 버렸다. 의식은 전혀 없이 호흡만 이어지는 식물인간으로 육 개월을 지내다가, 운명하실 무렵엔 뼈와 살가죽만 남은 형상이었다.

차라리 숨이 멎어 주기를 바라며 그런 어머니의 모습을 지켜 보는 동안, 얼마나 눈물을 흘렸는지. 막상 어머니가 돌아가신 여름날 새벽엔 맥이 탁 풀리기만 하고 눈물이 쏟아지지는 않았다. 그런 나와 여동생을 보며, 친척들은 쟤들이 눈물이 말랐구나 하며 혀를 찼다.

석관을 썼기 때문에 어머니의 시신은 염을 한 그대로 흙바닥에 눕혀졌다. 그 위로 돌판이 덮여지고 흙이 뿌려지고, 어머니와는 이승에서의 결별이 고해지는데도 눈에서는 그저 눈물이 고여날 뿐이었다.

모처럼 어머니와 마주하고, 어머니를 잃고 지낸 날들의 서러움을 토로하며 소리내어 울리라 했었는데. 그와는 영 다르게, 한두 방울 볼을 타고 흘러내리던 눈물마저 말라 버리자 슬픔은 배가 되는 듯했다. 그런 내가 '아틀란티스에서 온 소년'을 닮았다는 생각이 들었다.
 초등학교 삼학년 땐가, 처음 나간 글짓기 대회에서 입상을 하자 어머니는 선물로 어린이 잡지를 한 권 사다 주셨다. 그 잡지 안에는 「아틀란티스의 소년」이란 제목의 만화가 있었는데, 오래도록 잊혀지지 않았다.
 지상의 낙원이라 불리우던 아틀란티스 섬이 화산 폭발로 물속에 가라앉아 버렸을 때, 몇몇 사람은 물고기처럼 호흡하는 능력을 지니게 되어 살아남았다. 시간이 가면서 그들은 서로 짝을 지어 아이를 낳고 물속 도시를 건설했다.
 어느 날 새로 맺어진 젊은 부부 사이에서 한 사내 아기가 태어났다. 안타깝게도 그 아기는 물속에서 호흡을 할 수가 없었다. 성급히 물위로 떠올라, 마침 배로 여행중이던 한 해양학자의 나이든 부인에게 아이를 맡겼다.
 말을 하지는 못해도, 자식이 없던 그 부부의 사랑을 받으며 자라난 아이는 어느덧 소년이 됐다. 한데 어느 날부턴가 양쪽 다리에서 지느러미가 생겨났다. 그 사실을 알게 된 해양학자는 학술발표대회에서 새로운 연구 결과로 보고할 양으로, 소년을 큼지막한 수족관에 가두어 버렸다.
 갑자기 바뀐 자기의 모습과 처지를 받아들이지 못한 채 괴로워하는 그 소년이, 해양학자의 부인에게 눈빛으로 하는 말은 몹시 슬픈 것이었다.
 "엄마, 울고 싶은데 눈에서 눈물이 안 나요. 물속에서는 눈물을 흘릴 수 없는 건가요?"
 그러다가, 바다에서 얻은 아들을 다시금 바다로 돌려 주기로 결심한 그 부인의 노력으로 소년은 자기가 태어난 나라인 아틀란티스로 돌아가게 됐다는 이야기였다.
  어머니의 산소를 뒤로 하고 내려오노라니 내가 그 소년을 닮았다는 생각이 들었다. 실컷 울고 싶으면서도 뽀얀 흙길에 마른 눈물만 점점이 떨구며 걷고 있는 나와, 눈물을 보일 수 없어 안타까워하며 뭍의 어머니에게 손을 흔들던 그 물의 소년이.

물속의 섬
아틀란티스에서 온 소년아.
슬픔 가득한 날에도
네 눈에선 마른 눈물이
흘렀다는 이야기.
소리쳐 보고픈 이의 무덤가에서
가슴속 파도와는
아주 먼 눈물 떨구고
돌아온 저녁, 비로소
젖은 눈물로만 슬픔을
말할 수 있는 게
삶이 아님을 안다.
옅은 보랏빛
마른 입술로 피는 카스피아.
그 꽃을 닮은 눈물이
차라리 저린 언어임을.

돌아오는 길에 쓴 「카스피아 눈물」이라는 시에서처럼, 나는 어머니의 죽음을 통해 슬픔이 너무 크면 오히려 마른 눈물을 흘리게 된다는 걸 배웠다.

어머니는 결국 내 곁에 머무르셨던 삼십여 년 세월보다 내 곁을 떠나신 지난 오 년 동안, 젖은 눈물로만 슬픔을 말할 줄 알던 딸에게 진실로 깊은 삶의 언어를 가르쳐 주신 셈일까.

개불알풀꽃의 대왕님

그 작고 여린 풀꽃에 왜 그다지도 천한 이름이 붙었는지, 개불알풀꽃을 볼 때면 난 늘 아쉽다 못해 안쓰럽다. 꽃이 크고 탐스러워 복주머니꽃이라고도 불리우는 적자색 개불알꽃과는 또 달라서, 땅바닥을 기다시피하는 줄기에서 지름이 3~4mm밖에 안 되는 자잘한 꽃이 피어나니, 크고 화려한 이름은 붙일 수야 없었겠지만 하다 못해 꽃잎의 푸른 빛을 봐서 아기별꽃이라 부를 수도 있었으련만.

한데 오랫동안 가져온 그 안쓰러움이 일시에 가셔지는 장소가 꼭 한 곳 있었다. 오히려 '너희는 참 잘 어울리는 이름으로 이곳에 피어 있구나' 하는 말이 나올 정도였다.

경주에서 동쪽으로 33km 떨어진, 봉길리 앞바다에 자리한 대왕암을 찾은 건 지난 해 이월. 초등학교 오학년이던 아이가 봄 방학을 한 뒤였다. 남편은 말할 것도 없고, 나도 벌써 두 번이나 다녀온 그곳을 찾은 데는 그 나름의 이유가 있었다.

경주에서 몇 년 머물렀던 남편은 뒤늦게 혼자 생활을 한 어려움이 이제는 그리움으로 남아서인지, 기회만 닿으면 그곳에 가고파 했다. 그건 주말마다 오르내려야 했던 내게도 마찬가지였다. 방학이면 내려가 며칠씩 머물며 돌아보곤 한 유적지들이 눈에 익은 장소가 될 만큼 가까워진 탓도 있었다.

그 중에서 가장 인상 깊은 곳이 해중왕릉이었는데, 1967년 각계의 전문가들로 구성된 학술조사단에 의해 세계에서도 유례가 없는 왕의 수중릉으로 밝혀진 때부터 마음이 끌렸었다.

남편이 경주로 내려간 첫해 겨울. 별러서 찾아갔을 때는 가슴이 마구 뛰었다. 그 날 따라 기온이 내려가서 몹시 추운데다가 길고 넓게 펼쳐진 모래사장으로 불어오는 바람은 왜 그리도 센지. 출렁이는 바닷물이 와르릉 소리를 내며, 백마의 군단이 되어 밀려오는 데는 저절로 뒷걸음이 쳐졌다.

그 너머로 눈에 들어오는 것은 바닷가에서 약 200m 가량 떨어진 지점에 서 있는 바위섬이었다. 그것은 포말을 일으키며 솟구친 바닷물이 그대로 삐죽삐죽한 돌이 되어 굳은 듯한 형상이었다.

면적이 19.8m² 정도 되는 그 내부에는 동서남북으로 갈라진 십자수로(十字水路)가 있고, 그 가운데 생긴 수중못에 길이 3.6m, 폭 2.85m, 두께 0.9m의 거북 모양을 한 화강암석이 덮여 있어, 그 밑이 문무대왕의 유해가 봉안된 납골처로 여겨진다는 곳. 학자들에 의해 밝혀지기 전부터 사람들 사이에서는 대왕암으로 불리워졌다고 했다.

태종무열왕의 뒤를 이어 21년간 신라를 통치한 30대 문무왕은 668년에 고구려를 멸망시키고 난 뒤, 당의 세력까지 축출하여 삼국통일의 대업을 완성했다. 그후에도 왜구들의 침입이 잦은 것을 늘 염려했는데, 숨을 거두면서 "내가 죽거든 동해에 묻으라. 그리하면 용이 되어 왜구를 막으리라" 했다고 전해진다.

그 유언에 따라, 아들인 신문왕이 유해를 화장하여 바닷속에 매장했다는데, 그곳이 바로 근처에 있는 감은사지에서 발굴된 사지(寺誌)에 의해 확인이 된 해중왕릉이었다.

경주의 관문인 용암포 언덕에 세워진 감은사 역시 호국사찰로 문무왕과 관련된 유적지지만, 신라의 대표적인 궁원(宮苑)으로 손꼽히는 안압지 또한 그분의 풍모를 드러내고도 남는 곳이다. 안압지는 삼국통일을 이루고 나서 축조되었다.

큰 연못을 파고, 못 가운데 삼신산(三神山)과 무녀십이봉(巫女十二峰)을 상징하는 세 개의 섬과 열두 봉우리를 만들었다. 거기에 갖가지 꽃과 나무를 심고 진귀한 동물을 길렀다. 못가에 세워진 임해전(臨海殿)과 부속 건물들은 왕자가 거처하는 동궁(東宮)으로 쓰기도 하고, 연회를 베풀기도 했던 곳이다.

생존시에 큰 업적을 이룩하며 풍류를 즐기기도 했던 대왕이 사후에는 또 나라를 걱정하는 마음에 용이 되어 동해를 지키리라 했다니. 내게는 그것이 더는 할 수 없는 희생의 자세로 받아들여졌다. 당시의 왕이라면, 죽은 뒤의 영화를 기려 백성의 목숨이라도 강요할 수 있는 존재가 아닌가.

그런 단 한 사람이, 눈 돌리지 않아도 좋을 민초(民草)들을 위해 자기 영혼의 평안함을 기꺼이 내놓았다는 것. 그것은 미륵이 출현하여 성도(成道)에 이르기까지 부처가 없는 세계에 머물며, 마지막 한 사람까지 교화하겠다는 뜻을 품었던 지장보살에 버금 가는 마음이 아니겠는가.

무릇 종교의 궁극적인 목적이 영혼의 안식일진대, 그분은 그것을—그것도 미천한 백성을 보살피기 위해 내주며 죽어서도 깨어 있기를 원했으니, 어쩌면 가장 간절한 바람을 포기한 것이 되리라.

그후, 동료 교사들과의 여행길에 또 한 번 들른 적이 있었는데, 그때도 전해져 오는 감동은 여전했다. 그리고 나서 지난 해 겨울의 끝 무렵, 아이를 데리고 다시 찾아가니 감회가 새로웠다. 토요일 오후에 내려가 감포에서 자고는 다음날 아침 대본으로 나왔다.

대왕암이 내려다보이는 언덕에 서 있는 이견대(異見臺)에서, 감은사를 완성한 신문왕이 동해에서 얻은 대나무로 피리를 만들어 적을 물리쳤다는 만파식적(萬波息笛)의 전설을 되살려 봤다. 그리고는 비탈길을 내려가 모래사장 쪽으로 가려 할 때였다.

민물이 바다로 흘러들어 생겨난 도랑을 뛰어넘다가 내 발목이 약간 삐끗 했다. 그대로 주저앉고서 보니 양지바른 쪽에 돋아나 있는 풀들이 눈에 띄었다. 거기엔 푸른빛 꽃들까지 올망졸망 피어 있었는데, 이름 때문에 항상 안쓰러웠던 개불알풀꽃이었다.

꽃이 진 뒤에 생기는 열매의 모양이 개불알을 닮아, 그런 이름이 붙었다는 걸 알고 나서도 안쓰럽다는 느낌은 내내 남아 있었다. 한데 바다 가운데 위용 당당하게 서 있는 대왕암을 대하는 순간, 그 느낌이 싹 거두어져 가는 거였다. 아니 오히려 그 이름이 썩 잘 어울린다는 생각마저 들었다.
 그 바위에 날아 앉기도 하고 위를 떠돌기도 하는 갈매기 떼와 더불어, 안쓰러운 그 꽃이 대왕이 죽어서도 돌보고자 했던 무지렁이 백성들로 여겨진 때문이었다.
 "너희는 정녕 내세의 안식을 버리면서까지 민초들에게 편안한 현세를 주고자 했던 대왕의 은혜에 힘입어, 그리 정겨운 모양새로 피어날 수가 있었느냐."
 하나, 넓게 펼쳐진 모래사장의 풍경은 예전에 그곳을 찾았을 때와는 영 달랐다. 여기저기 눈에 띄는 휴지며 빈 깡통과 술병은 그렇다 치더라도, 방생을 하기 위해 군데군데 모여 선 여자들이 보이는 행동은 눈살을 찌푸리게 했다.
 손으로 바람을 막아 가며 모래에 박은 초에 애써 불을 붙이고, 앞에 놓인 상에 바나나와 수박과 밤, 대추 등을 차려 놓고 목탁 소리에 맞추어 대왕암을 향해 머리를 조아리는 것은 좋았다. 그리고 나서는 커다란 물통에 담아 온 새끼 자라를 꺼내서 밀려가는 물결에 실어 보내는 것까지도 괜찮았다.
 한데 정성을 다한 의식이 끝나고 음식을 나누어 먹고 난 뒤에, 그녀들이 보이는 태도는 좀전의 분위기와는 판이했다. 언제 내가 그렇게 경건한 자세를 지녔었는가 싶게 타다 만 초는 그대로 모래 속에 묻어 둔 채였고, 쓰레기는 바람에 날

리든 데굴데굴 구르든 아랑곳이 없었다.

 그것을 바라보다가, 어느 원로 다이버에게 들은 말이 떠올랐다. 부인이 방생하는 것을 찍으려고 물속에 들어가 있어 보니 희한하더라고 했다.

 거기까지 실려 오느라 기진한 새끼 자라들이 물에 밀려갔다가는 안간힘을 써서 밖으로 나와 숨을 쉬려고 하면 또 갖다 집어넣고 하는 바람에, 방생이 끝나고 나자 허옇게 배를 뒤집고 죽은 자라의 시체만 물 밑에 즐비하더라고.

 거기에 덧붙여 강하게 고개를 드는 게 있었다. 내가 아닌 남을 위해 내세의 복까지도 내준 문무대왕의 혼이 서린 이곳에 와서, 저들은 자기 현세의 복을 빌고만 가는가 하는 회의였다. 그리고 그건 굳이 자라를 방생하지 않은 내게 있어서도 똑같이 자리한 욕심이었디.

 "대왕이시여. 이리도 우매한—당신의 치세에서 한참 흘러온 이 시대의 백성을 그래도 끝까지 거두시겠나이까."

 갈매기가 내려앉은 바위섬과 밀려오는 하얀 파도를 찍겠다고 모래밭에 엎드려 있는 아이에게, 그 날 따라 누군가를 다스리는 자의 마음가짐과 다스림을 받는 자의 마음가짐을 진지하게 일러 주고 싶었다.

4부 능소화 낭자

시클라멘의 자책감 | 능소화 낭자 | 나팔꽃 커튼 | 꽃과 십자가
피에타의 꽃길 | 민들레 홀씨의 시인들 | 해인사 연꽃
안개꽃 사전 | 꽃 사설시조

시클라멘의 자책감

지난 겨울엔 인상적인 카드를 하나 받았다. 대학교 선배로부터 온 것인데, 그 안에 적힌 말이 나로 하여금 시클라멘을 생각하게 했다. 그 꽃이 지닌 자책감이 어느 때보다 강하게 내 것이 되어 오는 기분이었다.
"뜨거운 여름날에도 산 계곡 깊숙이 응달진 곳에는 잔빙이 남아 있다. 정원이의 순결함은 그 얼음덩어리처럼 타락과 혼탁의 열도가 날이 갈수록 더한 이 속세에서 그 서늘함과 단단함을 더하고 있다.
―이 사실을 알고 있는 나는 늘 즐겁다.―"
의례적인 인사말이 있겠거니 하고 폈다가, 뜻밖의 내용이 담겨 있어서 당혹스러웠다. 내게는 전혀 어울리지 않는 표현이라 민망하기도 했고, 그와는 거리가 먼 내 자신이 부끄럽기도 했다.
졸업 후 십 년 가까이 못 봤던 그 선배를 만난 것은 일 년

쯤 전, 같이 가르침을 받았던 교수님의 출판 기념회에서였다. 그 동안 대만에서 공부를 하고 왔다는 소식은 들었는데, 그런 자리에서 마주치게 되니 몹시 반가웠다. 한데, 서로 안부를 묻고 나서 그가 내게 던진 말은 너무나 의외였다.

"난 네가 지금쯤 수녀가 되어 있을 줄 알았다."

왜 하필이면 수녀냐고 묻자, 대학교 때의 넌 꼭 수도자가 될 것 같은 느낌을 주었다고 대답하는 거였다. 그리곤, 각자 일행이 있어 내 수필집을 보내 주겠다는 약속을 하고 헤어졌다.

그후 책을 보내 주고 나서는 또 잊고 있었는데, 그러다가 카드를 받고 나니 그날 돌아오면서 그랬던 것처럼 다시금 나의 대학 시절을 떠올리지 않을 수가 없었다.

문예현상 모집에 소설이 당선되어 무시험으로 입학을 했던 나는 내내 가난한 여학생이었다. 그 장학 혜택은 일 년간으로 끝났으므로, 나머지 삼 년 동안 계속 장학금을 타기 위해 누구보다 열심히 공부해야 했다. 인천에서 통학을 하느라고 늘 발이 편한 운동화만 신고 다녔고, 가방 역시 비오는 날 젖는 게 싫어서 남들의 눈은 아랑곳하지 않고 아예 남학생용 가방으로 바꾸어 버렸다.

강의를 빠진 적은 물론 없었으나, 과에서 행사가 있을 때면 선택과목이 걱정이었다. 한 번은 야유회를 가던 날 서양사상사가 들어 있었는데, 나 혼자 출석을 하자 다른 과 학생들까지 이상하게 바라봤다. 우리 과 학생들과 감정이 꼬인 건 당연했고, 그 때문에 마음도 많이 상했지만 잘못했다는 생각은 없었다.

그런 나를 비교적 이해하려 애쓰며 때론 충고도 해준 이가 그 선배였다. 언젠가는 내 소설을 보여준 적이 있었는데, 다 읽고 나서 실망했다는 말을 서슴없이 했다. 여고생 수준을 면치 못했다면서, 그것이 꽉 막힌 너의 사고 탓이라고 생각지 않느냐고 했다. 그 무렵엔, 나 자신도 그 문제로 해서 갈등을 하고 있을 때라 저절로 눈물이 나왔다. 해가 넘어가는 대운동장 스탠드에 앉아서 우는 나를, 그는 아무 말 없이 바라만 보았었다.

결국 총장상을 타고 학교를 나오며, 난 딱히 누구라고는 할 수 없는 얼굴들을 향해 자랑스럽게 웃을 수가 있었다. 그 상으로 해서 내 외로운 대학 생활이 충분히 보상을 받은 듯했다. 하나 직장 생활을 시작하고 차츰 나이가 들어 가면서는, 그런 생활만이 꼭 가치 있는 건 아니라는 생각이 들 때가 있었다. 남과 어우러지는 여유도 중요하다 싶어 모나게 굴지 않게 됐다.

가운데를 걷기란 역시 어려운 일인지, 그러다 보니 요즘엔 내가 너무 주관 없이 사는 게 아닐까 하는 회의가 생겨났다. 아이를 낳고 처음 성당에 발을 들여놓을 즈음엔, 진작 수도자의 길을 택하지 못한 걸 아파할 정도였는데······.

나이에 어울리는 모습을 지니고프다는 욕심에 옷도 많이 사들이고, 세상적인 풍요에 대한 욕구도 늘었다. 뭘 하든지 왜 그리 남을 의식하게 되는지, 그런 나를 탓하다 보면 저절로 사이클라멘 선녀를 생각하게 되곤 했다.

봄선녀들 중 가장 예쁜 사이클라멘 선녀는 신의 귀여움을 독차지해서, 꽃 소식을 전하는 일을 맡았다. 이 꽃 저 꽃 사이를 오가며, 언제언제 피라고 일러 주곤 해서 꽃들에게도 무척 사랑을 받았다. 한데, 그 선녀가 사랑하는 목동이 냇물의 여신을 사랑하게 되면서 일이 생겼다. 목동은 꽃이 피어 있지 않아서 양을 데리고 먹이를 찾아다니느라 못 만난다고 핑계를 댔다.

선녀는 목동의 사랑을 되찾겠다는 생각에서 자기 마음대로 여러 꽃들에게 서둘러 피라고 해 버렸다. 그런 뒤에도 목동이 자기에게로 돌아오지 않자, 비로소 배반당한 걸 알게 됐다. 그 슬픔도 슬픔이려니와 어리석은 사랑에 빠져 신의 명령까지 어긴 사실을 괴로워한 나머지, 사이클라멘은 두 번 다시 땅에 내려오지 않을 결심으로 날개가 달린 옷을 벗어 던지고 말았다.

자신의 추한 행동을 용서할 수 없었던 그녀의 날개옷이 떨어져 피어난 것이 시클라멘이라는 꽃이었다. 그래서인지, 시클라멘의 꽃잎은 피어나면서 끝이 모두 하늘을 향한다. 마치 두 팔을 들어 누구에겐가 죄사함을 구하는 것 같은 모양새다.

선배의 카드를 받고 어느 때보다 강하게 그 꽃을 떠올린 건, 변해 버린 나 자신에 대해 스스로도 자책감을 느끼고 있던 참이어서였을까. 그 동안 나는 현실적인 것에 지나치게 눈이 팔려 진정으로 가치 있는 것에 대한 고집을 외면하고 살아왔다.

오랜만에 만났을 때 수녀가 되어 있을 줄 알았다든가, 여름날 숲그늘에 남아 있는 잔빙에 날 비유한 건 어쩌면, 실망의 반대적인 표현인지도 모른다. 진실로 맑게 살아 주기를 원했던 후배의 흐려진 모습에 대한 강한 고개 저음.

그 겨울이 가고 봄이 오는 길목에서 굳이 시클라멘 화분을 하나 샀다. 그리고 안으로 똘똘 말렸던 봉오리가 풀어지며 진분홍빛 다섯 장 꽃잎이 모두 하늘을 향했을 때, 비로소 그 선배에게 짤막한 편지를 띄울 수가 있었다.

"내겐 전혀 맞지 않는 찬사라는 걸 알면서도 내심 흐뭇했습니다. 누군가가 날 그렇게 보아 준다는 사실만으로, 내 삶이 충분히 의미 있다는 생각을 했습니다. 올 일 년은 예전의 나로 돌아가는 여정 속에 있을 것입니다."

능소화 낭자

달빛이 내리는 밤에 보는 능소화는 전설 속의 낭자를 연상시키고 남았다. 주황빛이라 달빛 아래서도 선명하게 보이는 꽃송이가, 그 낭자의 발걸음으로 여겨지기까지 했다.

"언젠가 밤 뜨락을 거니는 그대를 본 적이 있소. 깊은 생각에 잠긴 듯한 여인의 단아한 걸음걸이. 그래서 내, 얼음 릉(凌)과 물결 파(波)를 써서 능파(凌波)라 했다오."

장차 낭자의 배필이 될 젊은 선비가 낭자를 보며 했다던 말. 결국 낭자는, 능파라 불리운 차가운 그 걸음으로 죽음을 향해 가고 말았기에 가슴이 저려 왔다.

이름조차 몰랐던 능소화, 그 꽃을 처음 본 건 오래 전 어느 목장에서였다. 죽은 나무를 감고 올라가며 핀 주황빛 꽃들은 눈에 확 띄었었다. 끝이 다섯으로 갈라진 커다란 꽃송이들은 한여름 햇빛 속에서 화사하면서도 기품 있어 보였다.

그런 아름다움 때문이었는지 예전에는 양반집 뜰에만 심을 수 있었던 꽃이라는 걸 나중에야 알았다. 여염집에서는 함부로 심어 가꾸지 못하게 했었기에, 양반꽃이라 불리워졌다고도 했다.

그 뒤 꽃에 서린 한 낭자의 전설을 알고 나자, 능히 그렇게 불리워졌음직도 하다는 생각이 들었다. 양반이라는 말 속에는, 차라리 자기를 거둘지언정 구차스럽게 목숨을 잇지는 않겠다는 의지도 들어 있을 테니 말이었다.

옛 고을에 어머니를 일찍 여의고 덕망 있는 벼슬아치인 아버지의 손에 자란 낭자가 있었다. 아버지는 딸의 배필로, 자기 문하에 있는 젊은 선비를 점찍어 놓았다. 어머니 없이 자라났으면서도 낭자는 누구보다 인물이 곱고, 그에 못지않게 심성 또한 고왔다. 늘 서책을 가까이 했기에 매사에 사려 깊었고, 가야금 솜씨 또한 뛰어나 사랑을 받았다.

어느 날 남인이었던 아버지가 북인의 세력에 밀려 급기야는 몸을 피해야 할 지경에 이르렀다. 젊은 선비와 함께 셋이서만 간신히 집을 빠져 나와 갈림길에 도달했을 때였다. 아버지는 뒷날을 기약하며, 선비에게는 다른 길로 가라고 했다. 그리고는 딸과 선비의 손을 모아 잡고, 이것으로써 너희는 부부의 연을 맺은 것이니 깨뜨려서는 결코 아니 된다고 다짐을 두었다.

이리저리 떠돌다가 어느 고을에 머물게 된 낭자와 아버지의 고초는 이루 말할 수가 없었다. 그때 헤어진 선비의 소식은 영 들을 수가 없었고, 그러다가 아버지마저 병들어 눕게 됐다. 약 한 첩 쓰지 못한 채 애를 태우던 낭자는 망설임 끝에 전부터 은근히 말을 비치던 기생 어미를 찾아갔다. 기방에 머물기로 하고 우선 받은 돈으로 약을 구해 왔으나, 아버지는 얼마 못 가 숨을 거두고 말았다.

눈물을 뿌리며 아버지의 시신을 묻은 뒤 낭자는 두말 않고 기적에 올라 버렸다. 낭자의 아름다움에 이끌려, 풍류를 즐기는 한 선비가 이따금씩 찾아왔다. 뭔가 사연이 있음을 눈치채고 연신 캐물어도, 낭자는 가야금만 뜯을 뿐이었다.

"그대는 고우면서도 정녕 차가운 여인이구려. 그대에게 능소화(凌霄花)라는 이름을 지어 주리다. 얼음 릉(凌)과 하늘 기운 소(霄)라, 차가운 기운이 서린 꽃이라는 뜻이오."

세월이 흘러 남인이 다시 득세를 하고, 젊은 선비는 과거에 급제해 그 고을 수령으로 오게 됐다. 헤어진 낭자를 수소문해 찾던 선비는 어느 날 귀에 익은 가야금 소리를 들었다. 두 사람은 더할 나위 없는 반가움으로 두 손을 마주 잡았으나, 낭자의 눈에는 슬픔이 고여 있었다. 사실을 안 선비는 모든 걸 잊을 테니 이제나마 부부의 정을 나누자 했다. 낭자는 기꺼이 따르겠노라며 며칠간의 말미를 달라고 했다. 하나 약속한 날 선비가 왔을 때 낭자는 이미 숨이 져 가고 있었다. 그 동안 자기를 정갈하게 지키지 못했음을 탓하며 노리개에 감추어 두었던 비상을 먹은 거였다.

"이제 와서, 제 어찌 서방님을 따를 수 있사오리까. 그간의 허물을 탓하지 않으시는 마음만으로도 여한이 없나이다."

낭자의 무덤에선 덩굴진 줄기가 솟아났고, 퍼져 가는 그 줄기 끝마다 주황빛 꽃들이 끊임없이 피어났다. 활짝 피었는가 싶으면 이내 져 버리고마는 그 꽃을 사람들은 능소화라 불렀다. 담겨진 사연이 그토록 애절했기에 능소화는 어느 꽃보다도 깊이 내 가슴에 남아 있었다. 하지만 도심에서는 즐겨 가꾸지 않는 꽃이어서인지 좀처럼 눈에 띄지가 않았다.

그러다 이번 여름 식구들과 태안에 있는 아는 분 댁엘 가게 됐다. 시골집 같지 않게 말끔히 단장된 그 집에 들어서려는 순간, 눈에 확 띄는 주황빛 꽃이 있었다. 대문에 올려진 덩굴에서 밑으로 늘어지며 피어난 그 꽃이 바로 능소화였다. 내가 반색하며 감탄을 하자, 주인인 노교장 선생님은 어떻게 그 꽃을 알아보느냐고 했다. 난 빙그레 웃기만 했을 뿐, 굳이 입을 열어 사연을 말하고 싶지는 않았다.

밤이 되어 식구들은 모두 잠이 들었는데, 잠자리가 바뀐 탓인지 나는 영 잠이 오질 않았다. 얼마를 뒤척이다 방문을 열고 나가니, 뜰엔 달빛이 내리고 있었다. 달빛 속에 다시금 바라보는 능소화의 꽃송이는 그대로 낭자의 자태가 되어 다가오는 거였다.

꿈에도 못 잊어하던 낭군을 만났으면서도, 끝내 죽음을 향해 가 버린 여인의 차가운 걸음걸이. 눈앞에 드리운 행복 앞에서 그 흔들림 또한 무한히 깊었으련만. 기어이는 깨끗이 자기를 꺾어 버리고만 그 혼이 서려 있어, 능소화는 저리 고우면서도 기품이 있어 보이는 걸까. 유난히 선명한 인상을 남김도 그래서일까.

그 아픔이 가슴에 젖어들어 마냥 섰는데, 지나는 바람에 꽃송이 몇 개가 후두둑 떨어졌다. 안타까워서 주워드니, 처음에는 낭자의 단아한 발걸음으로 여겨지던 그 꽃송이들이 어느새 낭자의 눈물로 비쳐 왔다.

 얼음 같은 의지로 자기를 다스림에, 핏방울이 되어 치마폭에 떨어져 내렸을 눈물. 나라면 정녕 삶에의 미련을 떨쳐 버리고 그리 할 수 있을까 싶어, 그 의지가 차츰 두려워지는 것이었다.

나팔꽃 커튼

이 년 전, 원래 살던 자리에 새로 집을 짓고 나서는 잃은 게 더러 있다. 탄탄하고 깨끗해서 편리하기 이를 데 없는데도, 잃어버린 예전 것들이 자꾸만 생각나는 건 왜일까.

십 년 가까이 살았던 먼저 집에는 아이가 분필로 그림을 그리며 놀 만큼의 마당은 있었다. 잔돌로 쌓은 화단에는 제법 큰 단풍나무 한 그루가 심어져 있었고, 그 밑에 손바닥만 한 작은 못도 있었다. 유난히 화초를 좋아하는 시어머님께서 봄이면 잊지 않고 씨를 뿌리시는 덕분에, 철따라 분꽃이며 백일홍이며 과꽃이 피어나곤 했다. 마당 구석구석에 늘어놓은 화분도 이삼십 개는 되었었다.

한데 집이 워낙 낡아서, 헐고 새로 짓지 않을 수가 없었다. 건축비 때문에 남들이 하는 대로 다가구 주택으로 지었더니, 집안은 현대식이어서 좋은데 마당이 아예 없어져 버렸다.

마당에 놓았던 화분들은 대문에서 현관으로 올라오는 계단에 한 줄로 늘어놓는 수밖에 없었다. 그래도 계단의 난간이 층층으로 되어 있어서, 여러 개의 화분을 올려놓을 수는 있었다. 그 화분들이나마 있어서 푸른 이파리를 볼 수 있는 것은 다행이었지만, 마당에 대한 아쉬움은 식구들 모두의 가슴속에 그리움으로 남아 있었다.

  없어진 마당과 함께 잃어버린 게 또 있다면, 그것은 나팔꽃 커튼이었다. 여름이면 남편과 내가 쓰는 방 창문의 철창에 매달려 그 짙푸른 잎으로 햇빛을 가리워 주곤 하던 살아 있는 커튼. 새로 짓기 전의 그 집을 처음 장만할 무렵엔 살림이 참으로 빠듯했었다. 더 작은 집에 살다가 융자를 받아 그 집으로 옮겼던 터라, 그걸 갚는 데만 온 힘을 쏟느라고 가구를 바꾸거나 커튼을 해 달 여유라고는 없었다.

  시어머님과 아이가 쓰는 방의 창문은 옆집 마당 쪽으로 나 있었기 때문에, 나무로 된 가림판이 이미 붙어 있어서 괜찮았다. 남편과 내가 쓰는 방은 햇빛이 많이 들어서 커튼이 꼭 필요했지만, 그대로 지내기로 했다. 꽤 넓은 창문의 반은 책장으로 가리워졌는데도, 햇빛이 쏟아져 들어올 때면 그런 햇빛을 아주 싫어하는 나는 견디기가 힘들어 신경질적이 되곤 했다.

  그걸 보며 안쓰러워하던 시어머님께서 어느 날, 창문 앞에 있는 베란다에 긴 플라스틱 화분을 몇 개 사다 놓으셨다. 그리곤 나팔꽃씨를 뿌리셨는데, 싹이 트고 줄기가 나오더니 창문에 단 철창을 타고 기어오르기 시작했다. 그 줄기는 놀랄 만큼 빨리 뻗어 나갔고, 이파리도 수없이 돋아났다. 그러다 드디어 나팔 모양의 남빛 꽃이 피어났을 때, 식구들의 입에선 환호성이 터져 나왔다.

 일어나서 창문을 열면, 낡은 철창에 매달려 핀 그 꽃들이 누구보다 먼저 인사를 건네 오곤 했다. 꽃들과 나누는 인사로 시작하는 여름 아침은 더위와는 상관없이 싱그럽기 그지없었다. 여름이 갈수록 무성해진 이파리들은 나중엔 창문을 거의 다 뒤덮었다. 커튼이 따로 생각나지 않아도 좋을 만큼, 쏟아져 들어오는 햇빛을 가려 주는 것이었다.

 어느 핸가는 몇 개의 화분에 나누어 뿌린 씨의 종류가 달랐던지, 남빛과 홍자빛의 꽃이 한데 어울려 피어났다. 아이는 눈만 뜨면 마당으로 나가, 오늘은 어느 색깔 꽃이 더 많이 피어났나 하며 손가락으로 세는 게 일이었다.

 나팔꽃 커튼이 주는 기쁨은 그뿐만이 아니었다. 달빛이 있는 날 불을 끄고 누우면, 이파리의 그림자가 그대로 창문에 비쳤다. 그러다 가벼운 바람이라도 지나가면, 그 조용한 흔들림에 나까지 가슴이 설레어 뒤척이곤 했다. 비가 내리는 오후엔, 창문을 열고 서 있는 것만으로 마음이 시원해졌다. 비를 맞고 있는 나팔꽃의 이파리들이 그대로 내가 되어 씻기우는 느낌이 들기 때문이었다.

 늦가을이 되어도, 나는 말라붙은 그 줄기와 이파리들을 걷어내지 말고 그대로 두자고 했다. 지하실에서 들려오는 귀뚜라미 울음소리와 함께, 도심에서는 맛보기 힘든 가을 정취를 물씬 느끼게 해주어서였다.

새로 지은 집으로 이사를 하고 나서는, 제일 먼저 커튼부터 했다. 예전 집에서는 결코 누려 볼 수 없었던 여유, 내 마음에 꼭 드는 아늑한 공간을 꾸며 보고 싶다는 욕구가 그것부터 해 달게 한 것인지도 몰랐다. 엷은 녹색의 천으로 안쪽 커튼을 하고, 그것을 열면 아롱거리는 꽃무늬가 비치는 망사 커튼이 나오도록 했다. 그땐 나팔꽃 커튼에 대한 기억은 까맣게 잊어버린 채였다.

한데 일 년 정도 지내고 나자 늘 똑같은 이중 커튼에 싫증이 나기 시작했다. 더러워져서 빨려고 뜯어 놓으니, 넓은 집도 아닌데 왜 그리 많은지. 그래서 다음 번엔 망사 커튼만 달고 안쪽의 녹빛 커튼은 아예 달지 않았다. 그렇게만 해도 짐을 덜은 듯 마음이 한결 가뿐해졌다.

그리고 나서야, 비로소 예전의 그 나팔꽃 커튼 생각이 났다. 햇빛을 가려 주던 무성한 이파리며 아침마다 피어나던 꽃송이들. 비가 오는 날이나 달빛이 있는 밤이면 자아내던 낭만적인 분위기와 늦가을이면 안겨 주던 정취. 그 나팔꽃 커튼에 대한 그리움이 유난히 진해져 가던 올해 초여름. 어느 날 학교에서 퇴근을 하면서 보니, 야트막한 담장을 향해 연둣빛 줄기가 여러 갈래 기어 올라가고 있었다.

"어머님, 저거 나팔꽃이잖아요?"

"아무리 바빠도 그렇지, 그것도 여태 못 보고 다녔어. 이제 좀 있으면 꽃도 피어날 텐데……."

마당에 대한 아쉬움이 누구보다 컸던 시어머님께서 담장 바깥쪽에 길다란 플라스틱 화분을 여러 개 놓고 씨를 뿌린 뒤, 끈까지 매어 주신 거였다. 얼마가 지나, 정말 남빛 꽃이 한두 송이 피어나기 시작하자 식구들의 기쁨은 흘러 넘쳤다. 다들 잃어버린 마당을 되찾기라도 한 것 같은 기분이 드는 모양이었다.

  내게는 그 나팔꽃이, 비록 여유는 없었지만 살아 있는 커튼과 더불어 지낼 줄 알았던 시절의, 내 건강하고 소박한 눈을 되살려 주고 있는 것처럼 보였다. 잠깐 새에 내 눈은 돈을 들여 한 커튼 쪽으로만 쏠려 있었으므로. 언젠가 마당 있는 집을 다시 가지게 되면, 이번엔 나팔꽃 커튼부터 먼저 해 달아야겠다.

꽃과 십자가

 "부탁하신 그림은 이미 완성이 되어 보아 줄 사람을 기다리고 있습니다."

꼭 가지고 싶던 그림을 마침내 가지게 된 건 지난해 늦가을. 짤막한 편지로 연락을 받자마자, 난 뛸 듯이 기뻐하며 화실로 달려갔다. 그리곤 벌써 틀에까지 끼워진 그림을, 같이 간 친구의 도움을 받아 조심스레 가져다가 방에 걸었다. 화가가 직접 그린 그림을 가져 보기는 처음이라, 얼마나 소중하게 여겨지는지 몰랐다. 하루에도 몇 번씩 눈길이 머물곤 했다.

한데 한 달쯤 지나면서부터였을까, 그토록 기쁨을 안겨 주던 그림이 차츰 부담스럽게 여겨지기 시작했다. 그림에 눈이 갈 때마다, 이상하게도 숨겨진 나의 내면이 낱낱이 드러나 있는 듯한 기분이 들어서였다.

'꽃과 십자가'. 내가 그 제목의 그림을 처음 대하게 된 건 지난 해 초여름 어느 화가의 전시회에서였다. 그 화가와는 한 모임에서 우연히 만나 인사를 나눈 적이 있었다. 보통 6~70호가 넘는 뜨거운 계열의 추상화들은 나로서는 이해하기가 퍽 힘들었다. 다만 한 폭의 그림만은 미리 보내 준 팜플렛에서 볼 때보다 더욱 인상적이었다.

짙은 잿빛이 깔린 한가운데 붉은빛 원이 자리해 있고, 그 위에 검은빛 꽃 한 송이가 그려져 있었다. 꽃 아래로, 굵은 붓자국을 남기며 비스듬히 지나가는 것은 붉은빛 십자가. 단순하면서도 강한 느낌을 주는 그 그림은 제목에서부터 마음이 끌렸다. 꽃은 오래 전부터 내 글의 소재였고 십자가는 흔들리는 내 삶의 버팀목이었으므로, 두 가지가 한데 담겨 있다는 게 신기했다.

거기다, 그 그림 안에서는 유일하게 그린 이 자신의 목소리가 들려왔다. 검은빛 꽃은 내가 입고 있는 수도복의 상징이며, 그 뒤에 자리한 붉은빛 원은 수도복 안에서이기에 더욱 활활 타오르는 십자가를 향한 열정이라오.

처음으로 그림을 사고 싶다는 마음이 일었으나, 나로서는 엄두조차 낼 수가 없었기에 그냥 묻어 두고 말았다. 전시회가 끝나고 얼마가 지나, 그 화가와 또 한 번 만날 기회가 생겼다. 솔직히 내게는 어려운 그림들이었다며, 다만 하고 그 그림 이야기를 덧붙였더니 의외의 말이 나왔다.

"그러셨다면 작게 다시 하나 그려 드리지요. 다른 걱정은 마시고요."

선선히 약속을 했던 것과는 달리, 몇 달이 지나도록 그림이 다 되었다는 소식은 없었다. 그러다 연락이 온 것은 가을이 꽤 깊어 갈 무렵. 화실로 달려갈 때까지만 해도, 먼저 그림을 똑같이 줄여서 그린 것이려니 했다. 한데 20호가 훨씬 넘어 보이는 그림은 완전히 새로운 또 하나의 '꽃의 십자가'. 마치 내게 주기 위해 따로 그린 꽃과 십자가 같았다.

어두운 분위기였던 전 그림과는 다르게, 노란빛이 아래쪽 반을 차지하고 있었다. 그 위에 진하게 드리워진 푸른빛은 하늘을 연상시켰다. 꽃은 밑에서부터 곧게 올라간 줄기 위에 추상적인 형태로 그려져 있었다.

얼핏 보기엔 붉은빛이 주를 이룬 듯했으나, 자세히 보면 그 화가가 가진 물감을 모두 한 번씩은 썼나 보다고 여길 만큼 여러 가지 빛깔이 칠해져 있었다. 짙은 보랏빛 십자가는 그런 꽃 위를 가로지르며 비스듬히 지나가고 있었고, 꽃과 십자가 아래에 둥글고 큰 눈 하나가 흰빛으로 그려져 있었다.

처음엔 원하던 그림을 가지게 되었다는 기쁨 때문에, 색다른 의미를 부여하지 않고 바라보았었다. 한데 시간이 갈수록 자꾸만 그림 안에서 내가 느껴지는 것이었다.

우선은, 가지각색 빛깔로 칠해진 꽃이 감정 변화가 유난히 심한 내 자신과 일치했다. 지극히 작은 일에도 감정선이 건드려져 기분이 갰다 흐렸다 하는 바람에, 이제는 내 스스로도 넌더리가 날 지경이었다. 그로 해서 너무 많이 지치고 때론 친구마저 잃는다는 걸 알면서도, 타고난 병이기라도 한 양 정말 고치기가 힘들었다. 게다가 어느 순간 가슴에서 불꽃이 일면, 잠재되어 있던 또 하나의 내가 미친 듯이 날뛰곤

해서 걷잡을 수가 없었다.
 그런 나를 다스리기 위해 안간힘을 쓰다 보면, 차라리 내가 무당이 되었더라면 하는 생각마저 들었다. 어떤 이가 굵게 쌍꺼풀진 내 눈을 보며 무당기가 다분하다고 말한 적이 있듯이. 그 때문인지, 광기어린 춤을 추며 모둠발로 뛰는 무당들의 모습을 보면 나도 모르게 가슴이 후련해졌다. 그네들 중엔, 나처럼 갖가지 빛깔이 얽힌 감정의 꽃송이를 끌어안고 살다 지친 여인네도 한둘쯤은 있지 않나 싶었다.
 하지만, 언제부턴가 그러한 내 머리 위에 자리한 것은 십자가. 무당들처럼 신들린 춤으로 나를 풀어내며 산 것도 아니고, 애초에 나를 다스려 수도자의 길을 걸은 것도 아니니, 우울이 깃든 빛깔일 수밖에는 없는 십자가였다.
 '한두 번 만나 이야기하는 사이에, 그 화가가 나를 세세히 읽어냈을 리도 없는데……. 혹시 알 수 없는 어떤 힘이라도 작용한 게 아닐까.'
 거울에라도 비추인 듯이 정확하게 내 자신이 드러나 있는 그 그림을 바라보는 동안, 머릿속에 떠오르는 것은 돌아가신 어머니가 들려준 태몽이었다. 어머니는 나를 가지고, 어느 날 하늘에 올라 꽃밭에서 춤을 추는 선녀들을 보았다고 하셨다. 그리곤, 저 고운 모습을 어떻게 말로 다 그려내나 하고 조바심을 내다 깨셨다고 했다.
 그림 속에 내가 담겨 있는 것과 마찬가지로, 그 꿈속에도 지금의 내가 고스란히 들어 있다는 생각이 든다. 꽃 이야기를 좋아하는 면이나, 아직도 소녀적인 감상에 빠져들곤 하는 면이나.

만일 내가 알기도 전에 무엇인가가 정해져 있고, 그래서 내 의지로는 피할래야 피할 수 없는 것을 운명이라고 한다면, 그 꿈과 그림은 내게 바로 그런 의미가 아닐까.

어쩌면 지난 늦가을 그림을 가지게 된 것부터, 아니 그림에 끌렸던 것부터가 이미 내 삶 안에 예정되어 있었던 일인지도 모른다. 그러기에 '꽃과 십자가'는, 내가 꽃과 십자가를 가슴에 품고 살다 목숨이 다해 온 곳으로 돌아가는 그 순간까지 내 방에 걸려 있게 될게다.

피에타의 꽃길

한 아이의 어머니라는 사실이 가슴 뿌듯한 기쁨이 다가도, 견디기 힘든 쓰라림으로 안겨 올 때가 있다. 오로지 내 자신만으로 돌아가고파질 때나, 여러 가지 일들에 치여 모든 걸 다 놓아 버리고 싶을 때.

아이는 그 어떤 것과도 견주어지지 않는 아픔으로 가슴 한가운데 매달려, 이제는 그러한 자유마저도 허락되지 않는다는 걸 날카롭게 일깨워 주곤 한다. 자식이란 어미에게 있어 평생 십자가라고 하시던 내 어머니의 말씀이, 그렇게 절실하게 와닿을 수가 없다.

그럴 때마다 내게 깊은 위안이 되어 오는 건 피에타(pietá), 십자가에서 내려진 예수를 안고 슬퍼하는 마리아상이다. 겸허한 마음이라는 뜻을 지닌 이탈리어 pietas에서 나온 피에타(pietá)는, 그리스도의 시신을 안은 성모를 표현한 그림이나 조각을 일컫는 말로 '비탄의 어머니'라는 의미가 담겨 있다.

내가 가지고 있는 것은, 미켈란젤로가 만든 대리석의 피에타상을 석고로 아주 작게 본뜬 것이다. 어머니라는 사실이 쓰라림으로 여겨지는 날 그것을 들여다보노라면, 이보다 더한 어머니의 고통이 또 있을까 싶어 마음이 처연해진다.

가시관을 쓰고 끌려간 아들은 끝내 십자가에 못박혀 숨을 거두고, 그 시신을 끌어내려 무릎에 눕혀 놓고 내려다보는 어머니의 얼굴은 처절한 슬픔에 눈물조차도 흘리지 못하는 형상이다. 아기 예수를 성전에 봉헌하러 들렀을 때, 당신의 가슴은 예리한 칼로 찔리는 괴로움을 받게 되리라 했다던 예언자 시메온의 말이 그대로 이루어져, 늘어진 옷자락에까지 핏방울 같은 아픔이 절절이 배어 있는 듯하다.

이 세상 어머니가 안을 수 있는 슬픔의 극치를 표현하고 있다고 해도 좋을 그 피에타상 앞에서, 나 또한 어머니이기에 겪는다고 여겨 온 자잘한 괴로움들은 아예 할 말을 잃고 만다. 그리고 뒤이어 떠올리게 되는 것은, 그러한 피에타상의 마리아가 다름 아닌 그 고통을 통하여 천상 어머니의 자리에 올랐다는 것. 나사렛 마을의 한 처녀가 하느님의 뜻을 따라 걸어야만 했던 쓰라림의 길이, 하늘에서는 정녕 아름다운 꽃길로 화했다는 사실이다.

내가 뜻하지 않게 그 길의 상징을 볼 수 있었던 건, 몇 년 전 '아론의 집'에서 열린 꾸르실료 강습 때였다. 그것은 스페인의 마요르카 섬에서 후안 헤르바스 주교가 처음 시작했다는, 크리스천 생활의 심화를 위한 단기적인 강습이었다.

그곳에 들어간 첫날 저녁에야 비로소 내가 그 교육을 받을 자격이 전혀 갖추어져 있지 않다는 걸 알았다. 오십 명이 넘는 다른 이들은 모두 성당에서의 활동이 매우 두드러진 사람들이었다. 그 속에서 나 혼자만이 성모의 밤에 봉헌시를 낭송한 것밖에는 없다고 이야기하며, 누군가의 깊은 배려가 있었음을 느끼지 않을 수 없었다.

나흘간의 교육 기간 동안, 밖으로는 한 발자국도 나가지 않은 채 빈틈없이 진행되는 프로그램은 정말 가슴을 뭉클하게 하는 내용이 많았다. 하지만, 내게는 그 무엇보다 강하게 와닿은 것이 바로 피에타의 꽃길이었다.

일정이 끝나던 날 새벽, 나는 결코 간간이 들려오는 노래 소리에 잠이 깨지는 않았다. 누군가가 날 내려다보고 있는 듯한 느낌이 들어 갑자기 눈을 뜨니, 방 안엔 여전히 어둠이 깔려 있을 뿐이었다. 일어나기에는 아직 이른 시간인 게 분명했으나, 왠지 모를 설레임이 가슴 안에서 일어 더는 누워 있을 수가 없었다. 이상하게 불마저 켜지지를 않아, 더듬거리며 옷을 찾아 입고는 세수를 했다. 얼마를 침상에 걸터앉아 있노라니, 조용히 방문이 열리며 어서 나오라는 소리가 들려왔다.

그 소리를 따라 밖으로 나가자, 가는 비가 내리는 긴 길의 양쪽엔 뜻밖에도 노래를 부르며 줄지어 선 촛불의 행렬이 있었다. 눈이 커져서, 혹시 꿈을 꾸고 있는 건 아닐까 하며 이끌려 간 곳은 불이 켜진 성당.

그곳에 발을 들여놓는 순간, 공중에 걸린 십자가에 매달린 예수님의 팔은 그대로 화살이 되어 가슴에 날아와 박혔다.

나는 너를 믿고 있는데, 너는 언제까지 나를 외면할 셈이냐. 너로 하여 내가 이렇게 매달려 있다는 걸 모르느냐.
 헤아릴 수조차 없이 많은, 그때는 그냥 묻혀진 줄만 알았던 잘못들이 일시에 되살아나며 나를 마구 흔들어댔다. 그 중에서도, 내 아이를 아프게 했던 기억은 기어이 울음을 터뜨리게 하고야 말았다.
 안간힘을 써도 버려지지 않는 집착에 시달리다 못해, 섣불리 손목에 상처를 내었던 날. 삶은 달걀을 제일 맛난 음식으로 알던 아이는 울먹이며 다가와, 엄마 내가 달걀 삶아 줄 게 피나지 말고 일어나요 하지 않았었나.
 그런 아이를 끌어안고 진실로 뉘우치며, 어머니로 살아가는 길이 결국은 나를 다 내놓아야 하는 십자가의 길임을 새삼 깨달았다. 한 생명을 맡았다는 엄숙한 의무 앞에선, 차라리 숨을 거두고 싶다든가 하는 말조차도 감정의 사치에 불과한 거였다. 그 뉘우침이 되살아나자 쉴새없이 눈물이 흘러내렸다. 그것을 닦으려고도 하지 않은 채 내내 흐느끼며 긴 미사를 마치고 밖으로 나왔을 때 비가 내리던 길엔 어느새 아침 햇살이 눈부시게 퍼지고 있었다.
 그 햇살을 받으며 천천히 걷다 보니, 문득 눈에 들어오는 것이 있었다. 그것은 길가 언덕 위에 앉아 있는 슬픈 어머니의 얼굴. 어머니로서 안을 수 있는 가장 지극한 슬픔의 모습을 한, 그래서 나의 위안이 되어 오곤 하던 그 피에타상이었다.
 하나 커다란 피에타상 둘레엔 아프리카 해바라기라고 불리우는 노란 루드베키아가 무더기지어 피어 있어, 슬픔을 오히려 아름답게 만들고 있었다. 이미 숨을 거둔 아들과 그 아들의 시신을 안고 내려다보는 하얀 어머니는, 그 꽃들에 둘러싸여 막 승천을 하려는 듯이 보이기까지 했다.

아니, 환희와도 같은 노란 꽃잎의 안쪽에 자줏빛 아픔의 무늬를 지니고 피어난 그 꽃들은 내게, 말로는 다할 수 없는 고통을 통하여 천상 어머니가 되신 성모님의 상징으로 비쳐 왔다. 자기를 온전히 내어 주고 순명하며 걸어간 쓰라림의 길이 하늘에서는 찬란한 영광으로 피어났음을, 그 아침 확연히 알게 하신 분은 정녕 누구였을까.

그 뒤론, 한 아이의 어머니라는 사실이 힘겹게 여겨지는 날이면 피에타상과 함께 노란 꽃이 피어 있던 그 길의 언덕을 떠올리곤 한다. 삶에서 죽음을 거쳐 그 너머에까지 이르는 우리의 여정이야말로, 깊은 슬픔을 거쳐 기쁨으로 화하는 피에타의 꽃길인지도 모른다는 생각과 함께.

민들레 홀씨의 시인들

뜻밖에도 민들레의 아름다움을 노래했던 수녀 시인에게서 편지가 왔다. 더구나 곱게 물을 들인 한지에 쓰여진 사연이 얼마나 정겨운지, 그분이 그대로 전해져 오는 듯했다.

내가 그분을 만난 건, 얼마 전 처음으로 참가했던 가톨릭 문우회의 성지 순례에서였다. 낯선 사람들 틈에서 잘 알려진 그분을 보았을 때는, 가까이 갈 생각조차 하지 않았다. 한데, 미사를 끝내고 점심을 먹게 된 자리에서 그분이 내 옆에 앉게 됐다. 그래서 한두 마디 이야기를 나누다 보니, 거리감을 가졌던 내가 쑥스러울 정도로 아주 다정다감했다.

헤어질 때는 내 책을 한 권 보내 드리고 싶어서, 주소를 적어 달라고 할 정도로 마음이 풀렸다. 그리곤 집으로 돌아오자마자 서둘러 책을 부쳤다. 그분의 편지는 내가 책을 부친 지 꼭 나흘 만에 왔다. 의례적인 감사가 아니라, 어느새 내 책을 다 읽고 감상까지 곁들인 것이어서 너무나 기뻤다.
 "꽃 선생님. 언제 그렇게 많은 꽃 이야기를 쓰셨어요. 꽃과 어우러진 사랑 이야기는 정말 좋았어요……. 한데 민들레는 없더군요. 꼭 쓰시길 빌어요. 제가 좋아하는 꽃이기도 하지만, 선생님의 모습 또한 그 꽃처럼 작아도 다부지게 보이니까요."
 편지를 몇 번이고 읽고 나서, 그분의 시집을 찾아 「민들레의 영토」라는 시를 다시금 읽었다. 수녀원의 뜨락에 핀 민들레를 보며 수도복 안에서 살아가는 자신의 모습을 그 꽃에 비유한 시라고 느껴져서 예전부터 좋아했었다.
 "노오란 내 가슴이/하얗게 여위기 전/그이는 오실까./당신의 맑은 눈물/내 땅에 떨어지면/바람에 날려 보낼/기쁨의 꽃씨."
 노란 민들레에게서 가슴이 하얗게 여위어 가도록 깊은 기다림을 발견하고, 그 아픔을 홀씨로 만들어 날려 보낼 줄 아는 승화의 아름다움까지 읽어냈던 그분은, 홀씨 때문에 작은 그 꽃을 그토록 사랑했던 것일까. 홀씨로 만들어 보내는 그분의 기다림은 정녕 하느님만을 향한 것이었을까.
 그러고나니, 역시 민들레의 이야기가 담겨 있던 또 다른 편지가 생각났다. 나의 유일한 여고 시절 친구로부터 온 것이었는데, 내가 보내 준 책을 틈틈이 읽고 그 느낌을 적어 보냈었다. 중·고등학교를 같이 다녔지만 우리가 서로 알게 된 건, 고1 때 같은 반이 되면서부터였다. 글줄깨나 쓴답시고 남과 잘 어울리지 않는 나를 그 친구는 늘 이해해 주려고 애썼다.

하지만 난 그때나 지금이나 남을 잘 받아들이지 않는 편이어서, 내 시화전 그림까지 그려 주곤 했던 그 친구를 서운하게 한 적이 더 많았다. 그런데도 우리의 만남은 결혼 후까지 이어졌다. 그 친구는 내가 교직을 계속하며 글쓰는 걸 보면서, 아무런 시샘도 없이 자기 몫까지 다 해 달라고 이야기할 때가 많았다.

얼마 전에 온 그 편지 속에도, 내 책을 자기 책만큼이나 소중히 여기며 기뻐하는 마음이 배어 있었다. 그리고, 의외로 민들레의 이야기를 꼭 써달라는 사연이 퍽 인상적이었다.

"정원아, 난 요즘 민들레에 대한 관심이 많아졌단다. 어느 날 동양화전에 갔다가, 민들레를 담은 그림 앞에서 얼마나 오랫동안 걸음을 멈추고 서 있었는지. 그랬더니 네게서 꽃수필집이 왔고, 네가 민들레에 대한 이야기도 쓰지 않았을까 해서 찾았는데 없더구나. 내가 무엇을 느꼈었는지, 넌 표현해 줄 수 있으리라 믿는다."

편지를 읽고 나자, 일상적인 여자의 생활에 잘 뿌리를 내려가는 듯했으면서도 어쩔 수 없이 허전함을 느끼고 있는 친구의 모습이 전해져 왔다. 난 그 친구가 그림을 잊은 것을 늘 안타까워했었는데, 그래서 그 심정을 깊이 이해할 수 있는지도 몰랐다.

아주 작게 피어나는 그 풀꽃. 그러나 누구보다 강한 삶의 의지를 지니고 있기에, 자기를 다 태워 버린 뒤에야 만들어지는 하얀 홀씨로 꿈을 날려 보내곤 하는 야무진 모습 속에서, 두 아이의 엄마가 된 승숙이는 분명 자기를 보았겠지. 평범한 아낙네의 생활에 젖어 들어가면서도, 그림을 향한 마음은 허전함에서 어느덧 아픈 그리움이 되어, 민들레의 홀씨처럼 그 어딘가를 향해 날아가곤 했을 테니 말이야.

민들레의 마음이 담긴 두 편지는 나로 하여금 언젠가 들은 적이 있는 민들레 낭자의 전설을 되살리게 했다.

옛날 중국으로 팔려 가게 된 아리따운 낭자가 있었다고 했다. 그 낭자는 떠나면서 이상하게도, 하녀에게 모래 서 말과 물 서 말과 대추 서 말을 준비하라고 일렀다. 중국 땅에 닿으면서부터는 자기가 걷는 길에 그 모래를 뿌리게 했고, 끼니 때마다 물 한 대접과 대추 두 개씩만을 먹었다. 그러다, 물과 대추가 떨어지자 끝내는 죽고 말았다.

그러자 신기하게도, 그 모래가 떨어진 곳에서 노란 꽃들이 피어나더니만 어느새 하얀 홀씨만 남아 고향을 향해 날아가더라는 것이었다. 그 꽃을 사람들은 그 낭자의 이름을 따서 민들레라고 했다고 한다. 전설대로, 민들레는 정말 낮은 현실 속에서도 가슴에 맺히는 그리움을 홀씨로 만들어 날려 보내며 끝까지 자기를 지켜 가는 꽃이었다.

그리곤 잊었다가 수녀 시인과 친구에게서 민들레의 그런 아름다움에 자기를 비추어 본 마음을 받고나자, 내 자신 안에서도 홀씨로 날려 보내지 않으면 안 되는 그리움들이 살아났다. 돌아보면 수도자의 생활을 향한 마음이나 열정적인 예술가의 길을 향한 마음 모두가, 이제는 한 가닥 꿈이 될 수밖에는 없는 내 삶의 아픔이었다.

게다가 차츰 아내와 어머니로서 푸근한 모습을 지녀 가는 친구의 생활 또한 꿈이 되어 오곤 했다. 나처럼 자기 세계를 지키겠다고 늘 바쁘게 뛰어다니며 여유를 잃어 가는 모습보다는, 그 친구의 모습이 오히려 여인다운 아름다움이라고 여겨지기 때문일까.
　서로가 그렇게 자기 삶의 그리움을 홀씨로 만들어 날려 보내며 하루하루를 이어 간다는 점에서, 그 수녀 시인과 친구와 나는 하나가 된 것인지도 몰랐다. 그래서 우린 모두 민들레 홀씨의 시인들인 셈이었다.

해인사 연꽃

해인사의 스님에게선 역시 답이 없었다. 답이 오리라는 기대는 하지 않았으면서도 못내 아쉬웠다. 짧은 만남 속에서 받은 인상이 너무나 맑아서였을까.

남편과 함께 해인사에 갔던 건 지난 해 겨울. 저녁 무렵 버스를 타고 대구에서 떠나 도착하니 아주 캄캄했다. 몸 속으로 스며드는 싸늘한 기운이 산자락에 들었다는 걸 저절로 느끼게 했다. 남편의 팔을 끼며 올려다본 하늘에선 별빛이 쏟아져 내리고 있었다. 한 번도 본 적이 없다 할 만치 맑고 푸른 별빛이었다. 그대로 가슴에까지 내려와 박히는 듯했다.

절은 거기서 더 들어가야 있고, 불이 켜진 식당과 여관이 눈에 들어왔다. 여기저기 둘러보다가 깨끗해 보이는 여관을 하나 골라 들어갔다. 마침 식당을 겸한 곳이라 편했다.

다음날은 일찌감치 눈이 떠졌다. 창 밖엔 벌써 새벽이 오고 있었다. 서둘러 준비를 하고 나서니, 어둠 속에선 보이지 않았던 풍경들이 차츰차츰 드러나기 시작했다.

눈이 쌓인 산기슭과 군데군데 얼음이 얼어 있는 개울. 산에 와서 바다의 인상을 받는다는 뜻에서 해인(海印)이라는 이름이 붙여졌다는 절로 올라가는 긴 길에는, 겨울나무가 늘어서 있었다. 그 나무를 아름답게 하는 건 까치집처럼 매달린 겨우살이. 겨우살이는 나무에 붙어 사는 것인데 그것이 오히려 나무를 아름답게 해주고 있다는 사실이, 또 하나의 깨달음으로 다가왔다.

일주문을 들어서자, 눈 덮인 가야산을 뒤로 하고 조용히 아침을 맞고 있는 절의 모습이 나타났다. 아직 일러서 경내에는 스님들만 분주할 뿐, 구경하는 이들의 발길이 뜸했다. 팔을 걷어 붙이고 불당을 닦아내는 스님들과 반듯이 서서 독경하는 스님들.

우린 먼저 대적광전(大寂光殿)이라는 현판이 붙은 대웅전으로 갔다. 안에는 큰 불상을 중심으로 양쪽에 작은 불상이 있고, 그 옆에 또 화관을 쓴 불상이 모셔져 있었다. 화관을 쓴 불상의 손에는 봉오리진 연꽃 한 송이가 비스듬히 들려 있었다. 활짝 핀 것보다 막 피어나려는 그 꽃이 더욱 인상 깊게 와닿았던 건, 그곳에서 수학 중인 젊은 스님들의 모습과 흡사해서였을까.

그리고선 팔만대장경이 보관된 장경각(藏經閣)으로 갔다. 그곳으로 들어가기 전에 보안당(普眼堂)이라는 곳을 거쳤는데, 매우 특이한 걸 보게 됐다. 아래가 좀 넓은 만월문(滿月門)을 들어서니, 안쪽 벽에 사진이 걸려 있었다. 그것은 꼭 피어난 연꽃의 그림자 같았는데, 사실은 그 문에서 바깥쪽에 비친 기와의 그림자를 찍은 거라고 했다. 가운데 선 스님의 그림자는 영락없는 꽃심이었다.

햇빛과 기와와 문과 스님이 한데 어울려, 신비롭게도 불교의 가르침을 담은 연꽃의 그림자를 이루어냈다는 것. 그것은 장경각에 들어가서 본 대장경판들과 함께 깊은 감탄을 자아내게 하는 해인사의 불심이고도 남았다.

돌아나오는 길에, 우연히 대웅전 앞 계단에서 한 스님을 만나게 됐다. 불당을 청소하고 독경을 하던 스님들처럼 젊었다. 스님은 우리를 보고, 참 일찍도 올라오셨네요 하며 바쁘지 않으면 따라오라고 했다. 스님이 데리고 간 곳은 절 뒤쪽에 있는 숲이었다. 눈이 쌓인 길을 얼마 걸어가니 나무로 된 야트막한 문이 나왔다. 그것을 밀고 좀 가니 다리가 나오고, 얼어붙은 계곡이 나타났다. 여름이면 사람들을 피해 그곳에 와서 책을 읽는다고 했다.

온 길을 다시 가 다른 길로 접어드니 대나무밭 사이로 약수터가 나왔다. 물 한 바가지를 떠서 내밀며, 이건 우리만 먹는 건데 하는 스님의 표정이 그 물만큼이나 맑았다. 이가 시리도록 찬물을 마시노라니, 전날 밤에 본 별빛이 물에 어려 있는 느낌이었다. 별빛이 그랬듯이 가슴속을 말끔히 씻어내주는 듯했다.

"어떻게 이 길을 택하셨습니까?"

"뭐 남다른 길입니까? 다른 길과 하나도 다를 바 없습니다. 들어오다가 일주문 보셨지요. 그 문은 들어오는 것도 나가는 것도 맘대로인 문입니다. 다만, 떠날 때는 밤에 소리없이 나가지요. 다른 이에게 누를 끼치지 않기 위해."

 남편의 물음에 그렇게 답하는 스님의 얼굴엔, 아직 애띠기는 해도 이미 꽤 깊은 깨달음의 빛이 서려 있었다. 내 눈에는 어느새 그 얼굴이 대웅전에서 본 봉오리진 연꽃으로 비쳐 왔다. 내려오며 스님들이 기거하는 요사채와 공부하는 강원을 보여주더니, 절을 소개한 책까지 한 권 가져다 주었다. 그 안에 주소와 이름을 적어 주며, 기억해 주시면 고맙고요 했다.

 절의 뜨락엔 그 사이 사람들의 발길이 많아져 있었다. 무슨 예를 갖출 시간인지, 갑자기 이곳저곳에서 스님들이 쏟아져 나왔다. 스님들은 목어와 북과 범종이 있는 곳으로 나뉘며 줄지어 걸어갔다. 우리 곁에 있던 스님은 높은 단 위에 커다란 북이 매달린 곳으로 뛰어가며 소리쳤다.

 "제가 치는 걸 꼭 보고 가세요."

 가사를 걸친 큰 스님이 치는 동안, 그 스님은 벌써 남아 있는 두 개의 북채를 손에 쥐고 있었다. 그리곤 우릴 향해 싱긋 웃음을 보내더니 얼마나 열심히 북을 치기 시작하는지, 그 소리가 그대로 가슴에 전해져 왔다.

 오는 길에 나는 절 입구에 있는 서원에서 연꽃 카드를 샀다. 그것은 물에서 줄기가 나오고, 이파리가 나오고, 봉오리가 생겨나고, 꽃이 활짝 피어나고, 꽃이 진 자리에서 열매가 맺히는 연꽃의 일생을 담은 거였다.

 그 카드 중 봉오리가 생겨난 것을 골라 감사했다는 말을 적어 보낸 것은, 집으로 돌아와서 바로. 그러나 한참이 지나도록 답은 없었다. 그새, 들어갈 때나 나갈 때나 맘대로라고 한 그 일주문을 나서서 다른 곳으로 떠나기라도 한 걸까.

얼마쯤 아쉬워하다가, 언젠가 본 적이 있는 스님들끼리 헤어지며 하는 인사를 바람에 실어 전했다. 내 손가락에 끼워진 묵주 반지와는 어울리지 않았지만, 합장까지 하면서.

"보성스님, 성불하세요.

깨달음의 연꽃으로 피어나세요."

안개꽃 사전

여느 땐 너무 자질구레해서 의미 없고 시시해 보이는 내 감정들이 갑자기 소중하게 여겨지는 날이 있다. 그런 날이면, 가까운 꽃집에 들러 안개꽃만을 서너 다발 산다. 다른 꽃을 돋보이게 하는 용도로 쓰이는 게 대부분인 그 꽃을 한아름 안고 걷노라면, 마치 안개꽃을 주인공으로 하는 글이라도 쓰는 기분이다.

따로 매만질 필요도 없이, 그냥 항아리 꽃병에 꽂아 놓고 들여다보는 시간. 하얀 물감을 큰 붓에 찍어 확 뿌려 놓은 것 같은 자잘한 꽃송이들은 정말 안개를 연상시킨다. 호수 위에서 아련히 피어오른 물안개 속을 걷기라도 하듯 말을 잊고 가만히 젖어 들어가는 동안, 처음엔 하나로만 보이던 꽃의 자디잔 얼굴들이 제 나름대로의 표정을 지니고 살아나기 시작한다.

그 꽃송이들 안에서, 보통 때는 덮어 두고 지나쳤던 섬세

하고 여린 나의 감정들이 하나 둘씩 되살아난다. 좀더 굵고 선명한, 능히 한 편의 글이 될 수 있는 감정들에 여지없이 밀려나 버리곤 했던 그것들이.

체칠리아 성녀처럼 살라면서, 나의 본명 축일에 동생이 보내 준 카드. 나도 그 아이 축일에 꼭 카드를 보내 주어야지, 보내 주어야지······.

남편을 따라 외국으로 나간 여고 시절 친구가, 멋진 곳에 갈 때마다 내 생각이 난다며 보내 준 엽서. 펄쩍 뛸 만큼 반가워하고는 답장은 또 미루기만 하다가······.

더 착해지겠다며 개발새발 써온 내 아이의 편지를 받고는 콧등이 시큰해서, 잠든 동안 쪽지 써놓아 주마 하고는 며칠을 벼르기만 하다가 그냥······.

그러고 보면 식구들이나 삶의 친구들이 전해 주는 마음과 수시로 마주칠 때마다, 기왕이면 나의 마음을 글로 전해 주고파는 했으면서도 왜 그리 소홀하고 인색했는지.

아니, 그 작은 생활의 감정들이야말로 결코 지나쳐서는 안 되는 소중한 것이라는 걸 잘 알고는 있다. 그러면서도 그것들에 충실하지 못했던 건, 내 스스로가 만들어 세운 울타리. 언제부턴가 편지나 일기를 쓰는 시간을 되도록이면 줄이고, 도자기처럼 정갈한 수필을 한 편이라도 더 써내야 한다고 날 몰아 붙이게 만든 생각 탓이었다.

그런 틀에 갇히지 않고, 아주 기꺼이 나의 자질구레한 감정들에 빠져들었던 적도 분명히 있었다. 결혼하기 전, 혼자 자취를 했던 몇 년 동안이었다.

그 무렵엔 진실로 순간순간 마음 안에서 일어나는 느낌들이 보석보다 귀하게 여겨져서, 감정 사전이라는 걸 만들어내고 있을 정도였다.

"스승의 날, 내 반 아이가 종이에 그린 꽃을 한 송이 주었다. 생꽃보다 아름다워 보이는 건, 그 아이의 생활이 가난하기 때문만은 아니리라."

"여름 저녁은 참 시끄럽다. 동네 아이들이 너무 재깔거리는 바람에 책조차 읽을 수가 없다. 그래도 저 소리는 싱싱한 생명의 표현이다."

"초록빛이 가득한 나라에서 살고 싶다. 그러면 눈이 늘 싱그러움 속에 머물 테니, 아픔도 점차 그런 빛으로 화하게 되리라."

그러한 것들을 어느 하나라도 놓치지 않겠다는 의도에서 열심히 써나가다 보니, 어떤 날은 그렇게 짤막짤막한 내용들이 열 개가 넘을 때도 있었다.

그래서 아예 두꺼운 바인더 북과 그것에 끼울 수 있는 용지를 여러 뭉치 사다가 매일매일 써지는 대로 끼워 넣었다. 그리고는 번호를 붙이고 제목을 달고 페이지까지 매겼다.

「종이꽃」······p.1
「여름 저녁」······p.2
「초록빛 나라」······p.3

나중엔 내게로 온 편지도 옮기고 내가 보낸 편지의 내용도 옮겨 적었다. 그것 역시 버릴 수 없는 감정들이고, 그 조각들이 모여 언젠가는 굵은 줄기를 이루어내리라는 믿음에서였다.

한데 그러면서만 지내던 어느 날, 원고지를 통 가까이 하지 않는다는 걸 눈치챈 어머니께서 날카로운 말을 던지셨다. 그렇게 감정의 잔 가지에만 매달려 있다가 작품은 언제 쓰려느냐고.

젊어서 글을 쓰다가 그만둔 뒤로, 그 꿈을 내게 걸고 있던 어머니의 한 마디는 날 흔들어 놓기에 충분했다. 마침, 수필다운 수필은 거의 못 써내고 있던 터라 더욱 그랬다.

육백 페이지, 천 개 가까이 되는 감정이 모여진 그 사전은 결국 소품으로서의 가치밖에 지니지 못한다는 자책 속에서 마감을 하고 말았다. 일기장을 수첩 정도로 바꾸고, 원고지에다 모든 걸 쏟아 놓으려고 애썼다.

안타까운 건, 감정 사전에서는 금방금방 글로 옮겨지던 느낌들이 원고지 위에선 딱히 무어라 잡아낼 수 없는 답답함에 눌려 생기를 잃어버리곤 하는 거였다. 물론, 얼마 동안의 지난한 노력 끝에 작품은 차츰 만들어져 갔다.

그러면서 나도 모르게, 자잘한 느낌들을 묵살해 버리고마는 내 자신에 익숙해졌다. 어쩌면, 잔 감정을 가지 쳐내는 대신 굵은 줄기를 만들어 가고 있다는 자부심마저 가지게 된 것인지도 알 수 없었다.

하지만, 그렇다고 해서 원고지를 대할 때 안아야 하는 부자유스러움이 사라진 건 결코 아니었다. 아무것에도 구애받지 않고, 물 흐르듯이 써나갈 수 있는 시간은 쉽사리 오지 않았다.

그러기에, 안개꽃을 닮은 감정의 사전을 끝맺고 난 뒤부터 글을 쓴다는 것은 단순한 기쁨이 아니었다. 반드시 몇 날의 뒤척임을 통해서야만 얻어지는, 짙은 부담감을 동반한 기쁨이었다.

어느 날 길을 걷다가도 문득 가까운 꽃집에 들러 안개꽃만을 서너 다발 사는 건, 자잘한 느낌에 충실하며 하얀 즐거움만으로 글을 쓰곤 했던 그때가 그리워서일까.

그 꽃을 한아름 안아 보는 것만으로도 훨씬 마음이 가벼워지면, 조용히 어머니를 떠올려 본다. 굵은 작품은 언제 쓰려느냐고 하시던 어머닌 이미 당신의 육신이 묻힌 무덤 위를 스치고 지나가는 한 줄기 바람이 되셨기에, 그 자유가 부러워지기도 한다. 그 어느 것에도 매일 필요가 없는 허허로운 영혼의 자유가.

하나, 항아리 꽃병에 꽂힌 저 안개꽃이 시들 무렵이면 또다시 좋은 수필을 써야겠다는 울타리 속으로 어김없이 들어가 있으리라는 걸, 난 누구보다 잘 안다. 어머니처럼 바람이 되기 전까진, 어차피 그런 존재일 수밖에 없을 것이므로.

꽃 사설시조

    삼 년 전에 바뀐 중3 국어 교과서에는, 김수장이 지은 사설시조가 한 편 실려 있다. 인간의 다양한 삶을 여러 꽃에 비유한 그 사설시조는, 꽃수필을 쓰는 내게 있어 하나의 놀라움이었다. 나와 같은 착상을 한 이가 이미 오래 전에 있었구나 싶었다.
  "모란은 화중왕(花中王)이요, 향일화(向日花)는 충효(忠孝)로다.
  매화(梅花)는 은일사(隱逸士)요, 행화(杏花)는 소인(小人)이요, 연화(蓮花)는 부녀요, 국화(菊花)는 군자(君子)요, 동백화(冬柏花)는 한사(寒士)요, 박꽃은 노인이요, 석죽화(石竹花)는 소년이요, 해당화(海棠花)는 계집애로다.
  이 중에 이화(梨花)는 시객(詩客)이요, 홍도(紅桃) 벽도(碧桃) 삼색도(三色桃)는 풍류랑(風流郎)인가 하노라."
  보통, 평시조에서 종장 첫 구의 세 글자만 빼고 두 구 이상이 늘어난 것을 사설시조라고 하는데, 책에 실린 시조는 의인화된 열두 종류의 꽃이 초장부터 종장까지 나열되어 있었다.

찬찬히 뜻을 음미하면서 읽을수록, 어쩌면 그리도 꽃의 특성과 가지각색인 삶의 형태를 잘 연결지어 놓았는지 감탄을 하지 않을 수가 없었다.

제일 먼저, 크고 기품이 있는 모란을 꽃 중의 왕이라 했고, 변함없이 해를 향하는 향일화는 해바라기를 말하는 것으로 그 한결 같은 마음을 충성심과 효심에 비겼다.

눈 속에 피어나는 매화는 숨어 사는 선비로 보았고, 살구꽃의 작고 잘 떨어지는 모습은 도량이 좁은 이로 여겼다. 단정한 매무새를 지닌 연꽃은 얌전한 아낙네로, 사군자의 하나인 국화는 학식과 덕행이 높은 이에 비유했다.

추운 겨울에 홀로 피는 동백꽃은 가난한 선비로 보았고, 흰 빛깔의 박꽃에서는 백발 노인을 연상했다. 패랭이꽃인 석죽화는 패랭이를 쓴 소년으로 여겼고, 붉은색 해당화는 수줍음을 잘 타는 계집애라 했다.

그 여러 가지 꽃들에 더해, 깨끗한 자태를 지닌 배꽃은 시를 사랑하는 이로 표현했다.

끝으로, 붉은 복사꽃과 선계에서 피는 복사꽃과 한 나무에서 세 가지 빛깔로 피어나는 복사꽃을 모두, 풍류를 아는 멋진 남자로 그리고 있다.

시조는 일반적으로 종장에서 그 주제가 드러나므로, 지은이가 가장 이상적인 삶으로 본 것은 시객(詩客)과 풍류랑(風

流郞)이라는 걸 짐작할 수 있다.

　나라에 충성하고 효도하는 사람이나, 학식과 덕행이 뛰어난 군자나, 숨어 사는 고고한 선비나 얌전한 아낙네. 그 어떠한 삶보다도 풍류를 아는 삶을 으뜸으로 여긴 것이었다.

　풍류란 속된 일을 떠나 운치 있게 즐기는 것이니, 구름도 보고 꽃을 꺾기도 하고 물 따라 흐르기도 하는 유유자적한 나날을 뜻할게다. 부와 권력과 명예를, 그런 삶의 뒷전에 두었던 김수장은 얼마나 멋들어진 성품의 소유자였을까.

　남아 있는 기록을 보면, 1690년에 태어났고 조선 영정조 때의 가인(歌人)으로 호가 노가재(老歌齋)였다. 숙종 때 병조의 서리를 지낸 적도 있지만, 어디까지 평민 가객으로 시가단(詩歌檀)의 총아로 불리워졌다.

　1746년부터 1770년에 이르기까지 편찬한 시조집 『해동가요』에 자작 시조를 117수나 수록했다. 여러 편에 이르는 사설시조에는 풍자적이고 해학적인 내용이 많이 담겨 있다.

　만년에는 노가재(老歌齋)라 부르던 서울 화개동 집에 제자를 모아 놓고 가르치기도 하며, 후진 양성에 특히 힘쓴 것으로 되어 있으나, 돌아간 연대는 확실치 않다.

　처음 대했을 때 놀라움을 안겨 주었던 꽃 사설시조를 다시금 깊이 음미해 보고, 지은이에 대해 그만큼이나마 살펴보고 나니, 저절로 나 자신에게로 생각이 미치지 않을 수가 없었다.

　대수로운 건 결코 아니지만, 꽤 오래 전부터 꽃 이야기를 담은 수필을 계속 써오고 있는 터라서였다. 처음엔 일부러 그리 한 것이 아니었는데, 차츰차츰 쓰노라니 내 나름대로 조심스럽게 의도성을 띠게 됐다.

　김수장이 그랬던 것처럼, 내가 알고 있는 꽃들의 특성과 수시로 부딪히게 되는 삶의 많은 부분들을 연결시켜 보았다. 남들이 어찌 받아들이건, 내게는 참으로 마음에 드는 작업이었다.

　관심을 두게 되면서, 그때까지는 잘 몰랐던 꽃을 새로이 발견하게 되는 것이 우선 경이로움이었다. 굳이 어떤 이야기와 얽어맬까를 생각지 않고, 그냥 눈에 담아 두는 것만으로도 좋았다.

　그러다 보면 어느 순간, 아 하고 스스로도 감탄을 할 만큼 꽃과 삶이 맞아 들어가곤 했다.

　재미있을 듯해서 꽃 사설시조와 꽃수필을 비교해 보니, 의미는 달라도 함께 다룬 꽃도 있고 내가 아직 다루지 않은 꽃도 있었다.

　「모란의 노래」에서 나는 모란의 자줏빛 꽃잎을 궁중 여인들의 비단 치맛자락에 비유했었다. 「해바라기 자화상」에서는 아폴론의 태양 마차에 가슴이 찔려, 사랑을 안은 채 그대로 해바라기가 되어 버린 님프의 이야길 썼었다.

　「하얀 국화를 말리며」는 이 시대의 마지막 선비라고까지 일컬어졌던 노교수님을 그린 거였고, 「동백꽃의 그리움」은 동백꽃 같은 매운 의지를 지닌 분에 대한 그리움을 표현한 거였다.

「패랭이꽃의 추억」에서는 내게 패랭이꽃을 꺾어 주던, 어쩌면 나의 첫사랑이었을지도 모를 초등학교 시절의 짝꿍에 대한 추억을 되살렸었다.

「매화의 애인」은 여백의 아름다움을 가르쳐 주시던 선생님에 대해 쓴 것이고,「해인사 연꽃」에서는 한 스님과의 만남을,「배꽃 진 자리」에서는 돌아가신 어머니에 대한 슬픔을 담았었다.

꽃 사설시조에 나온 것 중에서 내가 아직 쓰지 않은 것은, 행화(杏花)와 박꽃과 복사꽃이었다. 눈길이 미처 닿지 못한, 아직은 어려워서 손을 대지 못한 그 꽃들도, 언젠가는 수필에 담겨지리라는 생각이 들었다.

다만 섣불리 정할 수 없는 것은, 그 많은 꽃과 삶의 이야기 중에 어느 것을 제일로 할까 하는 것이었다. 김수장은 홍도(紅桃)와 벽도(碧桃)와 삼색도(三色桃)에 비긴 풍류랑을 으뜸으로 여겼으나, 난 아직 그럴 만한 자신이 없었다.

꽃수필을 계속 쓰며 지금처럼 살다 보면, 머리 하얘져 가는 어느 날 가장 깊이 가슴에 와닿는 삶의 모습을, 나 또한 종장 끝구에 둘 수 있게 되리라. 그리고는, 마음에 들건 마음에 들지 않건 내 삶을 조용히 마감하게 되리라.

하나 그보다 중요한 건, 그 사설시조를 통해서 나와 같은 착상을 한 이가 이미 오래 전에 있었다는 사실. 우리네 삶이란 세월이 아무리 흘러도 결국은 거기서 거기이기에, 엄밀한 의미의 독창성이란 존재하지 않는다는 걸 깨달은 점이었다.

꽃을 향한 나의 눈이, 삼백 년 전에 살았던 가인(歌人)의 눈을 닮은 것에 불과했다는 걸 알게 한 꽃 사설시조는, 그래서 반복해 읊을 때마다 진실로 겸손할 수밖에 없음을 가르치고 있다.

5부 패랭이꽃의 추억

벚꽃잎이 날릴 때 | 패랭이꽃의 추억 | 자목련의 여인
등나무꽃 노인 | 옥잠화의 사랑 | 개나리 천사들 | 말린 수국 편지
빨간 줄장미의 기도 | 첨성대 꽃탑

벚꽃잎이 날릴 때

　벚꽃잎이 바람에 날리고 있다. 바람이 지나가며 꽃가지를 흔들 때마다 벚꽃비가 오는 것 같다. 날리라는 대로 자꾸만 날리는 꽃잎은 가슴에 안타까움을 안겨 준다. 저들은 왜 저리도 쉽게 가는 것일까.
　일 년 만에 다시 걸어 보는 벚꽃길이다. 벚꽃이 피어야만 생겨나는 길이기에, 가까이 있는 곳이면서도 아주 멀리서 일부러 찾아온 듯한 기분이 든다.
　대학을 졸업할 때 나는, 대학교 안에 같이 있는 부설 남자 중학교의 근무를 원했었다. 그리고 그 꿈은 이내 이루어졌다. 아이들을 가르치며, 가끔씩이나마 내가 다닌 대학의 교정을 거닐 수 있다는 건 즐거움이었다. 벚꽃길을 거닐어 보는 즐거움이 그 중 제일 컸다.
　길은 대학 도서관 앞 숲 사이로 나 있었다. 길 양쪽엔 자그마한 돌들이 늘어서 있고, 그 돌들 뒤로 벚나무가 줄지어 심어져 있었다. 나무들은 양쪽 가지가 맞닿아 마치 손을 잡은 듯이 보였다. 벚꽃이 활짝 피어나기라도 하면, 아예 하늘이 보이지를 않았다. 그대로 벚꽃 하늘이 되곤 하는 것이었다. 길에 들어서서 눈을 위로 향하면, 화사한 그 하늘이 춤을 추며 내려와서는 내 얼굴마저 어느새 벚꽃으로 만들어 버리는 듯했다.

그러나 그 기쁨은 잠깐이었다. 바람이 조금만 불어도 벚꽃 하늘은 흔들렸고, 그 하늘이 흔들리며 휘청거릴 때마다 벚꽃비가 내렸다. 눈물이라도 날 듯한 아쉬움은 아랑곳없이 꽃잎은 순식간에 흩어지고 또 흩어졌다. 그렇게 벚꽃비가 내리고 나면, 길바닥엔 눈처럼 꽃잎들이 소복이 쌓여 있었다. 누군가의 시구를 떠올리며 그 위를 걷기도 하고, 한 줌 주워 올려 다시 흩날리기도 했다.

그러다 보면 가슴속에서는 으레 벚꽃잎처럼 바람에 날려가 버린 많은 날들의 이야기가 되살아나곤 했다. 벚꽃을 유난히 좋아했다던 한 여자의 얘기도 그렇게 떠오르는 것 중의 하나였다.

남편에겐 나와 결혼하기 전에 사랑했다던 여자가 있었다. 친구의 여동생이었던 그 여자와 맺어지지 못한 건 시어머니의 반대 때문이었다고 했다. 가족들을 따라 미국으로 이민을 가면서, 그 여자가 마지막으로 남긴 말을 남편은 아프게 기억하고 있었다.

내가 남편과 알게 된 건, 내가 맡은 반의 한 아이 때문이었다. 그 아이는 어렸을 때 뇌성마비를 앓은 적이 있는 심한 지체부자유아였다. 아들을 데리고 매일 학교를 오가는 그 아이의 어머니는 내게 무척 미안해 했다. 그 마음이 자기네 친척을 중매 설 만큼 커진 것이었다.

처음 만나던 날 남편은 내게, 지나간 추억 속의 그 여자 이야길 서슴없이 했다. 유난히 큰 체격과 어울리는 그 솔직함이 내 마음을 끌었다. 그리고 얼마가 지나 결혼을 하게 되자, 그 여자에 대한 것은 내 기억 속에서 저절로 잊혀졌다.

그런데, 결혼을 한 지 석 달쯤 지난 어느 날이었다. 그 여자의 오빠로부터 전화가 걸려 왔다. 몇 년 만에 귀국을 했다는 그 사람은 남편이 결혼을 한 것조차 모르고 있었다. 뛸 듯이 반가워하며 달려 나간 남편은 그 날 밤 몹시 취해서 들어왔다. 그대로 쓰러져 자는 남편 곁에서, 나는 상할 대로 상한 마음을 안고 잠을 설쳤다. 곁에 있는 나보다 멀리 있는 그 여자가, 남편에게 더 애틋한 느낌을 주리라는 생각이 자꾸만 나를 힘들게 했다.

남편의 그 친구는 한 달 뒤에 다시 미국으로 돌아갔다. 친구가 떠나기 전날 남편은 또 취해서 들어왔다. 그런 남편을 붙들고 나는 기어이 따져 묻고야 말았다.

"그 여자 소식을 들었나요?"

"수녀가 되었다더군."

그 말을 듣는 순간, 줄다리기를 할 상대를 잃어버린 듯한 아득함을 느꼈다. 누구보다 맑고 깨끗한 삶을 택해 버린 그 여자를 두고 더 이상 무슨 이야기를 할 수가 있을까.

가슴속에서는 마치도, 필 대로 피어났던 아픔의 벚꽃잎들이 바람에 흩날리며 꽃보라를 일으키는 것 같았다. 그 여자를 향해 가졌던 내 나름대로의 감정들이 그렇게 한 순간에 져 버린 것이었다.

내가 첫아기를 낳은 건, 그로부터 일 년이 지난 뒤였다. 병원 분만실에서의 싸움은 참으로 외로웠다. 나를 나오려는 아기와 나와의 긴 싸움은, 내가 소리를 지를 힘도 입술을 깨물 힘도 없어졌을 때에야 끝이 났다. 온몸이 부서져 나가는 듯한 아픔 뒤에, 아기는 나를 나왔다. 눈에 들어온 빨갛고 조그마한 내 아기의 몸뚱어리는, 기형아를 낳을지도 모른다는 나의 불안을 거두어 가 버렸다.

아기를 가진 지 얼마 안 되었을 때 모르고 먹은 두통약은 계속해서 나를 시달리게 했었다. 그 시달림으로부터 순식간에 나를 놓아 준 아기의 울음소리는, 나로 하여금 또다시 바람에 화사하게 흩날리는 벚꽃잎을 연상케 했다. 벚꽃길에서는 단순히 안타까움만을 안겨 주던 벚꽃잎들이 왜 내 삶의 여로에서는 아픔과 불안을 한 순간에 데려가는 환희로 다가오는지, 그건 알 수 없는 일이었다.

그러면서 나는 자꾸 누구에겐가 감사를 드리고픈 충동을 느꼈다. 그 마음은, 집 근처의 성당 뜨락에 있는 성모상을 떠오르게 했다. 어머니가 되었다는 사실 하나만으로, 영원히 기억되는 어머니인 그 여인상 앞에 고개를 숙이고 싶었다.

그러다가 문득 수녀가 되었다는 그 여자가 오랜만에 되살아났다. 이제는 내가 남편의 아기를 낳았다는 안도감 때문인지, 그 여자에 대한 것들이 아주 편안하게 받아들여졌다.
 그 여자가 수녀가 된 건 어쩌면, 남편과 못 이룬 사랑 때문만은 아닐지도 모른다는 것. 아기를 품에 안고서야 드리게 된 나의 감사보다 더 큰 의미의 감사를 미리부터 스스로가 드릴 수 있었기에 그 길을 택한 것인지도 모른다는 생각은, 또 다른 깨달음이 되어 다가왔다.
 그 깨달음은 살다가 기회가 닿는다면 한 번쯤, 그 여자를 만나 보고픈 생각마저 들게 했다. 그 여자와 남편과 내가 설사 그런 인연으로 맺어져 서로 아픔을 주고받았다 할지라도, 이 세상의 넓고 메마름을 생각한다면 그것은 하나의 아름답고 소중한 만남이 될 수 있지 않을까.
 바람이 또 분다. 이대로 가다간 벚꽃 하늘이 다 흩어져 버리고 벚꽃길도 머지않아 자취를 감춰 버릴 듯하다. 그러나, 긴긴 기다림으로 피었다가도 저렇게 날리라는 대로 날리는 벚꽃잎에서, 이제는 아쉬움 대신 차라리 성숙한 삶의 의미를 배운다. 꽃이 떨어지는 아픔 뒤에야만 열매는 맺히는 것이기에, 지는 시간이 곧 피어나는 시간이라는 오랜 진리를 나 혼자만의 것인 양 가슴에 보듬어 안고서 말이다.

패랭이꽃의 추억

　화랑에 걸린 그림들은 거의가 다 풍경화였다. 흰색을 많이 써서인지, 안개가 낀 듯한 느낌을 주었다. 한 바퀴 돌아 나오던 내 눈길이 머문 것은, 맨 끝의 그림이었다. 그것은 작은 호리병에 꽂혀 있는 패랭이꽃을 그린 것이었다. 그려진 패랭이꽃은 한 송이였다. 가느다란 줄기 꼭대기에 연분홍빛 꽃잎이 다섯 장 그려져 있었다. 그 그림 또한 아련한 느낌을 주었다. 작은 호리병과 패랭이꽃이 모두 꿈이라도 꾸고 있는 듯이 보였다.
　한참을 바라보며 서 있다 보니, 그 느낌에 취해 나도 아련해지는 기분이었다. 그 아련함 속에서 패랭이꽃과 어우러진 한 아이에 대한 추억이 되살아났다.
　초등학교 이학년쯤 되었을 때 나는 시골 마을에 살았었다. 나와 한 반이었던 그 아이는 군인인 내 아버지 부하의 아들이었다. 학교에 갈 때면 그 아이가, 날 데리러 우리 집 대문

앞으로 오곤 했다. 내가 좀 늦은 날은, 어머니가 잠시 들어와서 기다리라고 했지만 막무가내였다. 가까우면서도 먼 듯한 그 아이의 그런 태도를 나는 오히려 좋아했다.

한데 하루는 어찌된 일인지, 학교에 가야 할 시간이 다 되어 오도록 그 아이가 오지 않았다. 어머니는 남동생과 먼저 가라고 했지만, 나는 계속해서 고집을 피웠다. 남동생이 가고 나서도 한참 뒤에야, 울상이 된 그 아이가 헐레벌떡 뛰어왔다. 어머니의 성화에 못 이겨 가방을 메고 나오던 나도 울상이었다.

이유를 물을 겨를도 없이 손을 잡고 학교까지 뛰어갔지만, 보나마나 지각이었다. 선생님은 얼마 남지 않은 첫째 시간이 끝날 때까지 팔을 들고 아이들 앞에 서 있으라고 했다. 너무나 창피해서 그대로 눈을 감고 말았다.

집으로 돌아갈 때, 그 아이는 말없이 길가에 피어 있는 패랭이꽃을 꺾어 주었다. 그 전날 뒷산에 올라가면서, 내가 예쁘다고 한 걸 들은 모양이었다. 패랭이꽃의 꽃잎은 끝이 뾰족한 게 톱니바퀴처럼 생겨 있었다. 연분홍빛 꽃잎의 앞쪽에는 진분홍빛으로 무늬가 나 있어서 들여다볼수록 신기했다. 마디가 있는 패랭이꽃의 줄기는 그 아이가 손을 댈 때마다 쉽게 꺾여졌다.

눈에 띄는 대로 패랭이꽃을 꺾어 주며, 그 아이는 미안하다는 말을 대신하고 있는 듯했다. 그런 그 아이 앞에서 나도 입이 열리지 않았다. 하려고 마음먹었던 말들이 고운 패랭이꽃의 꽃잎 속으로 모두 숨어 버리는 기분이었다.

패랭이꽃으로 말을 주고받으면서 그렇게 걷다가 어느 집 돌담 옆을 지나게 되었을 때였다. 돌담 밑 풀섶에 숨어 있던 무늬가 알록달록한 실뱀이 갑자기 내 발 앞으로 기어 나왔다. 나는 질겁을 해서 들고 있던 패랭이꽃을 다 떨어뜨리고서는 와들와들 떨었다. 그런 나를 곁에 있던 그 아이가 어느 결엔가 꽉 끌어안았다.

"괜찮아. 뱀이 갈 때까지 그대로 가만히 있어."

뱀은 정말 내 발 앞을 슬슬 기어서는 길 옆 논두렁 아래로 사라져 버렸다. 그제서야 그 아이는 겸연쩍은 얼굴로, 내 몸을 감쌌던 두 팔을 풀며 나에게서 물러섰다.

나는 온몸에서 기운이 빠져 주저앉을 것만 같았다. 그런데도 얼굴은 이상스레 달아올라서, 그 아이를 똑바로 쳐다볼 수가 없었다. 조금 있다가 그 아이는 돌담 쪽에 있던 나를 밀어내고는 자기가 돌담 쪽으로 들어섰다. 그 모습에서 나는 뱀으로부터 날 지켜 주겠다는 강한 마음의 힘을 느꼈다.

그런 식으로 날 감싸 주곤 하던 그 아이가, 그림을 그릴 때만은 그렇지가 않았다. 그 아이는 정말 그림을 잘 그렸기 때문에, 미술 시간이면 나는 늘 따라가려고 해도 따라갈 수 없는 차이로 해서 애를 태워야 했다. 칭찬을 받기는 나도 마찬가지였으나, 장래 화가가 되고도 남겠다는 그 아이의 칭찬에 비하면 아무것도 아니었다.

나지막한 뒷산에 올라가서 똑같이 본 풍경을 어쩌면 그렇게도 멋있게 그려내는지 내가 보아도 감탄을 할 지경이었다. 그 아이는 가끔씩, 내가 그려 놓은 나무가 좀 이상하다는 둥

하면서 핀잔을 주곤 했다. 발끈한 나는 참견하지 말라며 도화지를 덮어 버리기가 일쑤였다. 그러면서 그 아이와의 시간들은 익어 갔지만, 아버지의 전근으로 하여 내가 먼저 떠나야 했다.

"너 꼭 화가가 되어라."

헤어지던 날, 나는 눈물이 가랑가랑한 눈으로 그 아일 쳐다보며 말했다. 그 말밖에는 할 말이 떠오르지 않았다. 내 말에 그 아이는 그냥 고개만 끄덕였다. 그리고는 잘 가라는 인사도 없이 휙 돌아서서 쏜살같이 달려가 버리는 것이었다.

내가 그 아이에 대해 간직한 추억이라곤 그것이 다였지만 그림을 볼 때면 가끔씩 그 아이 생각을 하게 되곤 했다. 그래서, 틈 날 때마다 화랑에 들르게 되는 것인지도 몰랐다. 전시된 그림을 보며, 알 수 없는 힘에 의해 이제는 어른이 되었을 그 아이가 그린 그림을 알아볼 수도 있지 않을까 하는 생각을 해보는 것이었다.

호리병에 꽂힌 패랭이꽃의 그림은, 그 아이에 대한 그리움을 새삼 진하게 불러 일으켰다. 말없이 패랭이꽃을 꺾어 주던 그 아이가, 이미 흘러가 버린 시간 속을 걸어와 내 앞에 나타나 줄 것만 같았다.

그러다가 문득, 어쩌면 그 아이를 향한 그리움이 이제는 고운 내 패랭이꽃의 추억이 되어 호젓한 삶의 길가에 피어 있는지도 모른다는 생각이 들었다. 그리고 그 추억은, 내가 늙도록 아련한 첫사랑의 느낌으로 남아 꿈의 안개를 피워 줄 듯도 싶었다.

자목련의 여인

설레임을 안고 찾아간 촉석루의 뜨락엔 신기하게도 논개의 넋을 닮았다고 느꼈던 꽃이 피어 있었다. 이미 피었다 질 때가 넘었는데도 그 탐스러운 꽃송이를 떨구지 않고 있는 자목련.

내가 그 꽃을 그렇게 보게 된 건, 특이한 빛깔 때문이었다. 봉오리일 때는 자줏빛이다가, 벌어지기 시작하면 흰빛과 자줏빛이 어우러지곤 해서였다. 그것은 자목련의 꽃잎이 바깥쪽은 자줏빛을 띠고 있고, 안쪽은 흰빛을 띠고 있어서였다.

내게는 그것이, 한편으로는 뜨거우면서도 또 한편으로는 매섭도록 차가운 여인의 성품으로 느껴졌다. 그 자줏빛이야말로 여인에게 어울리는 그윽함이 깃든 열정이라는 생각과 함께, 흰빛은 또 오로지 한 사람만을 향한 깊고 날카로운 정절로 받아들여지는 것이었다. 그래서 길을 가다가도 자목련이 피어 있는 모습을 보면, 걸음을 멈추고 한참 서 있곤 했다.

그러한 마음들이 모여서인지, 올 사월엔 자목련을 닮은 듯이 느껴지는 한 여인의 넋과 만날 수 있었다. 그건 사월 말경에 있을 연구수업의 내용을 무엇에 끌려가기라도 하듯이 변영로의 「논개」로 정하면서부터였다.
 다른 학교 국어 선생님들까지 참관하게 되어 있어서, 내가 가진 부담감은 그만큼 컸었다. 무슨 일을 하다 말고도 창 밖을 바라보며 논개, 논개 하고 중얼거려서는 옆 사람들을 의아하게 만들었다.
 못내 아쉬운 건 내가 진주엘 가보지 못했다는 사실. 촉석루와 논개의 바위인 의암을 말로만 들었다는 것이었다. 그 아쉬움 속에서도, 아이들이 상상으로 그려 온 논개의 얼굴과 촉석루와 의암의 모습은 연구수업의 효과를 살려 주고 남았다.
 그래서인지 아이들과 아주 호흡이 잘 맞은 수업이었다고 여러 선생님들은 칭찬을 아끼지 않았지만, 막상 내 자신은 논개의 죽음의 의미를 자신 있게 설명하지 못했다는 씁쓸함은 안고만 있었다. 게다가 하필이면 바로 며칠 뒤에, 내가 속한 수필가 동인회의 모임이 진주에서 있게 되어서, 몹시 안타깝기도 했다.
 그 마음들을 안고 내려가는 동안, 새삼 진주라는 도시가 오래 전부터 내 가슴에 간직되어 있었다는 걸 깨달았다. 그건 변영로의 「논개」를 눈을 지긋이 감은 채 읊던 어느 목소리로부터 시작이 되었었다. 대학교에 입학해서 가졌던 신입생 환영회에서, 진주가 고향이라는 한 남학생은 자기 대신 논개를 인상 깊게 전했고, 난 그 모습에 반했었으므로.

"아리땁던 그 아미/높게 흔들리우며
그 석류 속 같은 입술/죽음을 입맞추었네.
아, 강낭콩보다도 더 푸른/그 물결 위에/양귀비꽃보다도 더 붉은 그 마음 흘러라."

그 목소리를 통해서 만난 논개에게서, 활활 타오르는 열정을 차갑게 가라앉혀 태워 버린 한 여인을 느꼈었다.

그후론 변영로도, 논개도, 논개의 고장인 진주의 촉석루와 의암도 모두가 하나의 전설처럼 남았었다. 더욱이 그 남학생은 대학 졸업할 때까지 유일하게 나를 이해해 준 마음의 친구였으니, 그 모든 것이 내 가슴에 그렇게 남은 건 당연했다. 내가 굳이 그 시를 연구수업의 내용으로 삼았던 것도 어쩌면 그 기억들 때문이었는지 몰랐다.

그러기에 내려간 다음날 가슴에 묻어 두었던 기억들을 되살리며 촉석루의 뜨락에 섰을 때, 내 설레임을 채워 주기라고는 하려는 듯이 피어 있는 자목련의 자태는 더욱 마음에 와닿았다. 자신 안에 있는 열정을 차고 매운 의지로 태워 버릴 줄 알았던 논개의 넋이 마치 그 꽃잎으로 화해 전해지는 기분이었다.

그리고 또 신기하다는 느낌이 들게 한 것은, 논개가 왜장을 안고 강물로 떨어졌다는 의암에서의 일이었다. 그 바위 끝에 서서 푸른 물결을 내려다보며 논개를 마음으로 만나고 있다고 생각한 순간, 어디선가 나타나 머리를 물 바깥으로 내밀더니만 그 눈망울을 또록또록 굴리고는, 조용히 사라져 가는 자라 한 마리. 그 자라에 논개의 넋이 실려 나와서, 논개를 향한 내 마음을 받아 안고 다시 강물로 돌아간 것은 아닐까.

그러면서 문득 연구수업을 다시 하고 싶다는 생각을 했다. 이제는 정말 자신 있게 논개의 죽음을 이야기할 수 있을 것 같아서였다. 한데, 정말 묘한 일이 진주에서 돌아오자마자 일어났다. 그건, 종합 장학지도 때 내가 「논개」를 가지고 공개 수업을 하게 된 것이었다.

수업은 두 번 다시 할 수 없으리라고 여길 만큼, 아름다운 내 삶의 절정을 이루어 주었다.

검은 통치마와 옥색 저고리를 입었던 내 입에서는 강하고 또렷한 말들만 흘러 나왔다.

"논개의 죽음의 의미는 불씨란다. 불씨는 작은 거지. 그러나 그 불씨가 힘을 낼 땐, 모든 이의 가슴에 불을 붙일 수가 있어. 그리고, 하나를 더 깊이 알아 두자꾸나. 논개가 그렇게 죽을 수 있었던 것은 장경회에 대한 사랑, 사랑하는 사람이 싸움에 진 것을 슬퍼하며 촉석루에서 떨어져 죽은 아픔 때문이었다는 것을. 결국 논개는 자기 님이 간 길을 뜨겁고도 매서운 사랑의 의지로 따라간 것이었지."

수업을 끝내면서, 어느새 논개의 넋이 나를 감싼 것 같은 기분마저 느꼈다. 그윽함 속에서도 뜨겁게 타오르는 자줏빛의 열정과 꺾을 수 없는 흰빛의 정절을 함께 지니고 있던 자목련의 여인. 그건, 그러한 여인의 의미를 이제는 내 안에 받아들여야 할 나이가 되어서였을까.

등나무꽃 노인

그 성당의 뜨락엔 낮으막한 등나무 파고라가 있었다. 햇빛이 눈부신 계절이면 무성해진 등나무 이파리가 손짓을 하곤 했다. 성당은 버스 정류장 바로 앞에 있었다. 그래서 퇴근길에 시간이 나면 들르기가 좋았다.

주일이 아닌 때의 성당은 한적했다. 등나무 파고라에도 별로 사람이 없어서 마음에 들었다. 그 그늘 밑에 놓인 벤치에 앉아 있노라면, 마음이 맑아지고 내 영혼의 구석구석에 묻은 숱한 먼지가 말끔히 씻겨 나가는 기분이었다.

게다가, 벤치 둘레에는 개나리가 심어져 있어서 더욱 좋았다. 개나리는 곧게 자라도록 철사에 묶여 있었기 때문에 울타리 역할을 해주었다. 등나무와 개나리의 굵고 가는 가지들을 받침대에 수도 없이 묶어 놓은 건 과연 누굴까. 그 손길에 깊은 고마움을 느끼며, 오래도록 앉아 있곤 했다. 그러던 어느 날, 다른 때보다 좀 이르게 등나무의 그늘 밑으로 들어서

게 됐다.
　들어서다 보니, 머리가 하얗게 센 자그마한 노인이 있었다. 노인은 풀어진 매듭을 다시 묶어 주기도 하며, 열심히 등나무와 개나리를 다듬고 있었다. 그 순간 나는 마음속으로 작은 감탄을 올렸다. 내가 고마워했던 손길의 주인이 바로 저 노인이었구나.
　그때, 꼬마들이 쪼르르 등나무 그늘 밑으로 들어왔다. 들어와서는 노인에게로 가서 신부님 신부님 하고 매달렸다. 그러자 노인은 일손을 멈추고, 바지 주머니에서 사탕 봉지를 꺼냈다. 꼬마들은 좋아라 하며 사탕을 하나씩 받아 물고는 이내 밖으로 나가 버렸다.
　그 모습을 물끄러미 바라보던 내 눈은 자연히 커질 수밖에 없었다. 허름한 옷차림의 그 노인이, 성당의 신부이리라고는 꿈에도 생각지 않아서였다. 조금 있더니 신부라는 그 노인은 신발을 벗고 벤치에 올라섰다. 올라서서는, 옆으로 뻗어 나간 등나무 줄기 사이로 손을 넣어, 조심스레 무엇인가 꺼내기 시작했다. 그것은 연보랏빛 작은 꽃봉오리들이 다닥다닥 붙은, 아직은 피어나지 않은 등나무의 꽃송이들이었다.
　노인이 하나 둘씩 꺼낼 때마다, 꽃송이들은 자꾸 늘어갔다. 처음부터 늘어져 있던 것과 합쳐져서, 주렁주렁 매달려 가는 것이었다. 그냥 남아 있는 것이 하나라도 있을세라, 줄기와 이파리 사이를 들여다보고 또 들여다보는 노인의 눈길에는 애정이 듬뿍 서려 있었다.
　어쩌면 그 꽃송이 하나하나가 노인 신부에게는 자식처럼

여겨지는지도 몰랐다. 그런 내 마음을 읽기라도 하듯이, 노인은 잠시 눈을 돌리며 잔잔하게 한마디 했다.

"처음부터 제대로 자리를 잡은 것은 내버려 두어도 괜찮다오. 하지만 받침대나 줄기에 눌린 것은 피지도 못하고 시들어 버릴 게 아니오."

그 말은 나로 하여금 언젠가 들은 적이 있는 이야기를 떠올리게 했다. 신부들이 외로운 생활을 하는 건, 외로운 이들에게 진정으로 위안이 되기 위해서라는 것. 결국 그들은 외로운 영혼들의 외로움을 달래 주기 위해, 스스로는 더한 외로움 속에 지내면서 자기를 바치는 것이라고 했었다.

그렇다면, 널려 있는 꽃송이들을 일일이 꺼내서 마음껏 피어날 수 있도록 애쓰고 있는 손길. 그 손길은 곧 억눌리고 외로운 이들의 영혼을 위해 바쳐져 온 노인 신부의 삶의 의미와도 통하는 게 아닐까.

그후로 나는 거의 매일 저녁 등나무 파고라에 들르다시피 했다. 그곳은 이제 하루가 다르게 등나무꽃의 진한 향기 속에 파묻혀 가고 있었다. 바람이 불 때마다 물결처럼 퍼져 나가는 그 향기에 취해 넋을 잃고 앉아 있곤 했다. 그러면서, 피어난 꽃송이를 대견스러운 듯이 바라보고 있는 노인 신부와 몇 번 마주쳤다.

그런데 하루는 다른 날보다 좀 늦게 그곳에 들러 보니, 그 많던 등나무의 꽃송이가 눈에 띄게 줄어 있었다. 한꺼번에 져 버렸을 리도 없고, 꼬마들이 따 버린 흔적도 없었다.

어찌 된 일일까 생각하며 앉아 있는데, 노인 신부가 뒷짐을 지고 들어섰다. 검은 수단을 입고 있는 것으로 보아, 저녁 미사 시간이 가까워 온 모양이었다. 이제까지와는 다른 느낌을 주는 그 모습에 나는 잠시 멈칫했다. 그러다가 성글어진 등나무의 꽃송이를 손가락으로 가리키며 일어섰다.
"누가 많이 따갔나 봐요."
그러나 온화한 웃음이 깃든 노인 신부의 표정은 그대로였다.
"쓸 데가 있어서, 내가 땄다오."
그러더니, 더욱 의아해 하는 내 얼굴을 바라보며 말을 이었다. 성당 신자 중에 어려서 앉은뱅이가 된 청년이 있었다고 했다. 학교도 제대로 다니지 못한 채, 집구석에만 버려져 있었다. 그 청년을 노인 신부가 가끔 돌보아 왔는데, 다른 병이 겹쳐서 죽고 말았다. 한데 그 청년이 마지막으로 남기고 간 일기장에는, 어느 누구를 향한 원망의 말은 한 마디도 없이 남은 사람들을 위한 축복만이 가득했다고 했다.
"오늘, 그 장례 미사가 있었소. 등나무꽃은 그래서 딴 거요. 탐스러운 것들로만 골라서 관 위에 뿌려 주었다오."
듣고 있던 나는 그만, 코끝이 찡해 오는 것을 느끼며 고개를 숙여 버렸다. 그렇게 정성들여 피워 놓았던 꽃송이를 아낌없이 따가지고, 소중한 일을 위해 쓰고서는 흐뭇해 하는 저 노인 신부의 영혼의 깊이는 어느 만큼일까. 이 잿빛 도심의 하늘 아래서, 저다지도 맑은 일을 하며 하루하루를 이어 가는 이는 얼마나 될까.
"어쩌면 그 청년의 영혼의 향기가 저 등나무꽃의 향기보다 더 그윽할지도 모르오. 고통 속에서도 마음을 더럽히지 않는 것이, 참으로 진한 삶의 향기일 테니 말이오."
 노인 신부는 어느새 돌아서서 수단 자락을 펄럭이며 등나무 파고라를 나가고 있었다. 그 뒷모습을 바라보던 나는 문득, 노인 신부의 그 수단 자락에서도 등나무꽃의 향기가 풍겨 나오는 듯한 느낌을 받으며 서 있었다.

옥잠화의 사랑

한여름의 햇빛을 이고 있기에는, 그 꽃의 빛깔이 너무 가녀린 탓일까. 연보랏빛 옥잠화는 볼 때마다 내 가슴에 잔잔한 아픔의 파문을 일으키곤 한다. 유난히 선명하게 줄이 쳐진 연초록빛 타원형의 이파리들.

그 사이로 부러질 듯이 가느다랗게 나온 줄기와, 그 줄기 끝에 조랑조랑 매달려 핀 연보랏빛의 작은 꽃송이들. 산산하게 불어오는 가을 바람에나 어울릴 애잔한 모습으로, 타는 듯한 여름 햇빛 아래 서 있는 걸 보면 안쓰러운 마음마저 생긴다.

지난 여름 강화도에 있는 철종 임금의 잠저에서 그 꽃을 보았을 땐 더욱 그런 느낌이 들었었다. 임금이 되고 난 후에도 임금이 되기 전까지의 그 소박하고 자유로웠던 생활을 끝내는 잊지 못했다는 그분이 가끔씩 궁궐을 빠져 나와 옛 생각을 하며 쉬고 가기 위해, 임금이 되기 전에 살았던 강화도의 한 마을에 지어 놓았다는 기와집. 그 집의 뒷뜰 우물가에 무더기 지어서 핀 연보랏빛 옥잠화는, 그 임금의 안타까운 몸짓을 나타내 주고 있는 듯했었다.

올 여름 서울대학교에서 교직 연수를 받는 동안, 학생회관 앞에 피어 있는 그 꽃을 바라보면서는 또 다른 안타까움을 느꼈다. 결혼 전에는 그리도 건강했던 내 몸이 아이를 하나 낳으며 교직을 계속 하는 동안 퍽이나 약해져서, 활기 있게 생활한다기보다는 그저 하루하루를 버티고 있을 뿐이라는 생각에 종종 사로잡혀야 한다는 것.

어쩌면 나이가 들어감에 따라 자연스럽게 생겨난 것일지도 모를 그 삶의 아픔들이, 여름 햇빛이 힘겨워 보이는 연보랏빛 옥잠화의 모습에 동화되어 자꾸만 커져 간 것인지도 몰랐다. 그러다가, 그 꽃에 얽힌 사랑의 이야기가 문득 떠오른 건 비가 내리는 날 오후 늦게였다.

강의가 끝난 뒤 학생회관에서 커피를 한 잔 마시고 나오는데 비를 맞고 있는 그 꽃송이들이 눈에 들어왔다. 꽃잎에서 빗물을 뚝뚝 떨구고 있는 모양이 마치 깊은 슬픔에라도 잠긴 양, 햇빛 아래서보다 더욱 애처로워 보였다. 발길을 멈추고 얼마를 들여다보고 있노라니, 옥비녀를 뽑아 주고 하늘로 올라가야만 했던 선녀의 슬픔이 물결처럼 가슴에 밀려왔다.

옛날 어느 곳에 집과 가족을 모두 여읜 채 여기저기 떠돌아다니며 피리만 부는 선비가 있었다고 했다. 행복했던 지난 날을 회상하며 부는 그의 피리 소리는 처량하기 그지없어, 하늘나라 선녀의 마음에까지 가닿았다.

하루는 선비가 높은 정자 위에서 피리를 불고 있을 때, 달빛이 대낮처럼 환해지며 선녀가 내려왔다. 놀라워하는 선비에게 선녀는 알고 있는 곡조를 다 들려 달라고 했고, 선비는 온 마음을 다해 피리를 불기 시작했다. 얼마나 아름다운 가락이었는지 선녀는 그 소리에 취해 밤이 가는 것도 몰랐고, 그러는 사이 하늘로 돌아가야 할 시간이 다 되어 있었다.

선녀가 옷깃을 펄럭이기 시작하자, 선비는 아쉬운 나머지 무엇이든 정표로 간직할 만한 것을 하나 달라고 했다. 그 말에 선녀는, 머리에 꽂았던 맑은 연보랏빛 옥비녀를 뽑아 건네 주는 것이었다. 그러나, 떨리는 손을 내밀던 선비는 그만 그 옥비녀를 땅에 떨어뜨리고 말았다. 다시 주우려 하자, 옥비녀는 간 곳이 없고 그 자리에는 옥비녀를 닮은 연보랏빛 작은 꽃들이 피어 있었다고 했다.

전설을 되살리며 비에 흠뻑 젖고 있는 그 옥비녀의 꽃을 바라보는 동안, 전에는 알지 못했던 사랑의 의미가 깨달아지는 듯했다. 연보랏빛 꽃잎에 맺힌 빗물이 옥비녀에 맺혔을지도 모를 선녀의 눈물로 보여지는 건, 그래서였다.

이야기대로라면, 선녀의 옥비녀는 하룻밤 땅에 내려와 선비의 피리 소리를 듣고 간 정표에 불과했다. 그러나 예로부터 내려오는 비녀의 의미를 되새겨보면, 그것은 단순한 정표가 아니라 깊은 사랑의 표현이고도 남았다. 비녀는 여자에게 있어, 누군가의 사람이 되었다는 것을 뜻하는 장신구를 넘어선 물건이기 때문이었다.

더구나 하늘나라 선녀가 꽂았던 옥비녀라면, 그것은 분명

하늘의 사람이라는 뜻을 내포하고 있었을 테니. 그 옥비녀를 뽑아 선비에게 준 것은, 하늘의 사람이라는 의미를 버리고 선비의 사람으로 남겠다는 강한 사랑의 몸짓이 아니었을까.

그러고서도, 하늘로 올라가지 않으면 안 되었던 선녀의 가슴은 어떠했을지 짐작이 가고도 남았다. 더욱이 안타까운 것은, 그 옥비녀가 끝내는 선비의 것으로 남지 못했다는 사실이었다. 땅의 사람인 선비가 하늘의 선녀를 자기의 사람으로 만들 수는 결코 없었기에, 옥비녀는 땅에 떨어져 꽃으로 화하고 말았던 것인지도 몰랐다. 맺어질 수 없는 사랑의 설움을, 연보랏빛 꽃잎에 가득 담아서 말이다.

유난히도 선명하게 줄이 쳐진 옥잠화의 이파리는 어찌 보면, 선비와 선녀의 넘을 수 없는 사랑의 선을 의미하는 것 같기도 했다. 하지만 그 사이로 나온 길다란 줄기와 그 줄기 끝에 매달려 핀 꽃송이들은 또, 넘을 수 없는 선을 넘어서라도 기어이 피어나고야 마는 영혼의 사랑을 나타내는 듯도 싶었다.

그 아픈 사랑이 연보랏빛 옥잠화를 피운 것이 정녕 사실이라면 그 꽃을 바라보며 삶의 아픔을 느꼈던 나는, 그 아픔들을 어떻게 승화시켜 또 다른 꽃을 피워야 할지. 연보랏빛 옥잠화는 보면 볼수록 내 가슴에 잔잔한 아픔의 파문을 일으키곤 하는 꽃이었다.

개나리 천사들

재작년 봄이었던가, 다섯 살 난 나의 아이가 거울을 들여다보며 한 말은 나를 의아하게 했었다.

"엄마, 이것 봐. 내 입에 개나리가 피어났어."

밥을 먹다 말고 거울 앞으로 쪼르르 걸어가길래 얼굴에 뭐가 묻었나만 했다. 한데 무얼 가지고 그러느냐며 거울 앞으로 다가가 보니, 웃음이 나오지 않을 수가 없었다. 계란 후라이를 먹던 아이의 입가엔 노른자가 여기저기 묻어 있고, 아이는 그것을 개나리가 핀 것으로 보았던 거였다.

"정말, 개나리가 많이도 피었구나."

내 말에 더욱 신이 났는지, 아이는 한동안 그것을 바라보고 있었다. 제 눈에는 놀이동산의 개나리 울타리쯤으로 보이는 모양이었다. 하긴, 평소에도 말을 재미있게 하는 아이이긴 했었다. 컵에 담긴 우유를 먹고 나서 흰수염이 생겼으니 자기도 할아버지라는 둥 하면서.

한데 아이가 그런 표현을 할 때마다 난 한편으로 내 자신이 말할 수 없이 부끄러워지는 것이었다. 오랫동안 글을 쓴다고는 하면서도, 나의 표현에서 그만큼 신선한 느낌을 받은 적이 별로 없어서였다. 다른 어떤 표현보다도 입가에 개나리가 피어났다고 한 표현은 내 가슴에 와닿았다.

그러한 아이의 눈이 부러워서였을까. 아니면, 개나리의 그 귀여운 꽃송이가 주던 느낌이 아이가 주는 느낌과 같아서였을까. 이른 봄에 피어나는 그 작은 통꽃은 하나하나를 들여다볼수록 정이 갔다. 올망졸망 붙어 앉은 모양은 환한 봄을 물씬 전해 주고 남았었다.

내 아이 역시 늘 작은 모습이면서도 내게는 엄마로서의 행복감을 듬뿍 느끼게 하는 존재였다. 내 분신이 새록새록 커 가는 것을 바라보는 기쁨은, 어떤 힘겨움 속에서도 다가오곤 하는 삶의 봄이곤 했었다. 그래서 입가에 개나리가 피어났다던 그 아이의 말은 나로 하여금 갑자기, 개나리의 천사 같다는 생각을 들게 한 것이었다.

해마다 삼월이면, 난 새로 맡은 일학년 아이들에게 개나리의 전설을 들려주곤 했다. 아이들은 생각 밖으로, 아주 진지하게들 들었다.

옛날 인도에 아름다운 공주 하나가 살고 있었다고 했다. 그 공주는 얼마나 새를 사랑했는지, 예쁘다는 새는 모조리 사들였다. 한데, 공주에게는 아직도 비어 있는 새장이 하나 있었다. 금빛의 꽃으로 장식이 된 그 새장에 어울리는 새가 없었기 때문이었다.
 그러던 어느 날, 한 늙은이가 정말 예쁜 새를 가지고 나타났다. 깃털의 찬란함이나 감미로운 노랫소리가 공주의 마음에 꼭 들었다. 공주는 약속대로 많은 상금을 건네 주고 새를 사들였다. 그리고, 나머지 새는 모두 다 날려 보내 버렸다.
 하지만 어찌된 일인지, 새는 날이 갈수록 깃털이 흉해져 가고 노랫소리도 이상해져 갔다. 어느 날 목욕을 시키다 보니, 새는 추하기 그지없는 까마귀로 변하는 것이었다. 늙은이가 까마귀에게 색칠을 하고 목에 은방울을 달아서 공주를 속인 거였다. 그것이 분한 나머지 공주는 세상을 떠나고 말았다. 공주의 무덤에서는 이듬해 봄, 금빛 새장을 닮은 꽃나무가 한 그루 돋았는데, 그것이 개나리였다.
 "개나리 곁에 가서 서 보렴. 혹시 아니? 너희들이 개나리 공주님이 찾는 예쁜 새의 왕자님이 될지. 그건 사랑이니까 말이야."
 조금은 장난기어린 내 말이, 막 사춘기에 접어들려는 사내아이들의 가슴에는 꽤 가닿는 모양이었다. 온 교정에 개나리가 피면 설레이는 얼굴로 개나리 그늘 밑을 서성이는 아이들을 볼 수 있었다. 그런 모습을 대할 때면, 그토록 순수한 아이들을 가르칠 수 있다는 사실이 기쁨으로 안겨 왔다.
 굳이 중학교 아이들의 국어 선생님이 되겠다고 했던 내 고집이, 개나리 같은 그 작은 아이들로 하여 뿌듯해지는 시간이기도 했다. 그리고 이 메마른 세상에서 내게 그런 삶의 자신감을 가지게 하는 그 아이들이 어느새, 천사 같은 존재로 새겨지고 남는 것이었다.

성당에 나가기 시작한 지 오 년, 나는 많은 교리들 중에서 가장 작다고 여겨지는 교리 하나를 유난히 좋아했다. 그것은 내게 영세를 주신 신부님께서 들려주신 거였는데, 수호 천사에 관한 내용이었다.

하느님께서는 각 사람에게 날 때부터 천사 하나씩을 정해 주어 그 사람을 보호하게 하셨다고 했다. 각 사람의 머리 위에 우리의 눈으로는 볼 수 없는 수호 천사가 하나씩 있다는 것도 신비로웠지만, 그보다 더 마음을 끈 게 있었다.

그건 내가 어떤 사람이 문득 그리워질 때, 그 사람 또한 그 어느 곳에선가 나를 그리워하고 있다는 것. 그것은 단순한 일치가 아니라, 날 그리워하는 그 사람의 마음을 그 사람의 수호 천사가 내 수호 천사에게 전해 주었기 때문이라는 사실이었다. 생각할수록 가슴을 파고드는 그 이야기는, 그냥 나 혼자만 간직하던 그리움을 얼마나 소중하게 만들어 주는 것인지 몰랐다.

그와 더불어, 깊은 슬픔에 잠겼다가도 나의 수호 천사가 나와 같이 슬퍼해 주리라는 데 생각이 머물면, 커다란 위안이 되곤 했다. 내가 어디서 무엇을 하든 가장 가까이에 나와 함께 있어 주는 존재가 있다는 건, 정녕 축복으로 남았었다.

그러다 언젠가 개나리가 핀 걸 가까이서 들여다보며 참 많은 꽃송이가 매달렸구나 하고 감탄을 할 때였다. 문득, 이 개나리의 작은 꽃들만큼이나 많은 수호 천사가 우리의 머리 위에 피어 있으리라는 생각이 스쳐 갔다. 작은 모습이면서도 늘 영혼의 빛이 되어 주는 그 수호 천사가, 개나리의 천사로 내 가슴을 날아다니기 시작한 건 그 무렵부터였다.

   그후론 개나리가 만발한 걸 볼 적마다 마음이 환해지면서, 나도 누구에겐가 환한 빛을 전하는 개나리의 천사로 화하고 싶다는 바람이 생겨나는 것이었다.

말린 수국 편지

눈이 유난히 많이 내린 그 해 겨울 방학엔, 아름다운 편지를 여러 통 받았다. 내가 가르친 아이들에게서 온 것들이었다. 내가 들려준 바다 이야기가 생각났다는 한 아이의 편지 속엔, 잘 말린 손바닥만한 산호가 들어 있었다. 바다의 내음을 전하고 싶었노라고 했다.

이파리와 뿌리까지 달린 에델바이스 두 송이를 셀로판지에 싸서 함께 부친 아이는, 설악산 수학여행길에서 그 꽃의 순결성을 이야기해 주던 내 얼굴이 떠올랐다고 했다. 등기로까지 보낸 또 한 아이의 두툼한 봉투 안에는, 빨강과 노랑과 파랑의 색종이로 접은 작은 종이학이 들어 있었다. 세 가지 빛깔의 행운을 날려 보낸다는 사연이었다.

세 아이 모두가 벌써 몇 해 전에 내게서 국어를 배우고 지금은 고등학생이 된 아이들이었다. 특출난 아이들도 아니어서, 이름이나 겨우 기억이 날 정도였다. 윤동주의 「서시」가

적힌 예쁜 모양의 받침을 넣어서 보낸 아이와, 시골집 풀밭에서 반나절 만에 찾았다는 네잎 클로버를 셀로판 테이프로 조심스럽게 붙여서 보낸 아이는, 아직 내게서 국어를 배우고 있는 아이였다.

말로는 다할 수 없는 정성스러운 마음을 함께 넣어서 보낸 그 아이들의 편지는, 두고두고 나를 얼마나 기쁘게 했는지 몰랐다. 도움이 될 만한 이야기를 아무리 해주어도 장난만 하는 것처럼 보이던 그 개구쟁이 아이들 중에, 내 말을 귀담아 들은 아이가 있었구나. 오랜 시간이 지난 뒤에도 문득 생각이 날 만큼 인상 깊은 이야기들을, 그래도 내가 아이들에게 들려주고 있었던 셈이었구나.

내가 뿌리는 말의 씨앗이 그 숱한 아이들의 가슴 중 어느 하나에서라도 싹이 터주기를 바라는 마음으로, 나는 늘 살아가면서 깨달아지는 것들을 교실에서 들려주곤 했었다. 바다는 모든 것을 받아 안는 어머니라고, 수학여행길에 에델바이스를 못 사온 것이 후회가 된다고, 종이학을 접으면 그 정성만으로도 행운이 온다더라고.

훗날 나처럼 어른이 된 그들이 외롭고 지쳤을 때, 그런 내 이야기가 한 가닥의 도움이라도 되어 준다면 하는 바람에서였다. 죽는 날까지 하늘을 우러러 한 점 부끄럼 없이 살기를 원했던 시인도, 네잎 클로버도, 다 그런 의미에서 열심히 뿌린 씨앗들이었다. 그 중에서도, 편지에 대한 것만은 편지 단원이 책에 나오건 안 나오건 유난히 강조를 했었다.

"전화 한 통화면 아무리 먼 곳이라도 연락이 닿을 수 있는 세상이지만, 진정으로 아름다운 마음은 편지를 통하지 않고서는 전할 수가 없는 거란다. 편지엔 보내는 이의 사랑하는 마음이 담겨 있기 때문이지. 편지를 써보면 내가 그 사람을 사랑하는지 안 하는지를 금방 알 수가 있어. 마음이 흐르는 사람에게는 술술 써지는 편지가, 그렇지 않은 사람에게는 한 줄 쓰기도 힘이 들게 마련이거든."

그러면서, 겨울 방학이면 몇십 통씩 쓰여지곤 하는 나의 꽃잎 편지 이야기를 들려주었었다. 결혼하기 전, 어머니가 가꾸는 우리 집 뜨락엔 여름이면 수국이 탐스럽게 피어났었다. 그러다 어느새 져 가기 시작하면 마음이 안타까웠다. 그래서 작은 꽃송이를 하나하나 따서 책갈피에 끼워 두었다가 얼마 후에 꺼내 보면, 보랏빛으로 말라 있곤 했다.

그것을 잘 간직했다가, 길고 추운 겨울 방학이 오면 좋아하는 많은 이들에게 쓰는 편지 속에 같이 넣어서 부쳐 주는 것이었다. 그 꽃잎 편지를 여러 장 쓰다 보면, 겨울 방학이 어느덧 다 가곤 하는 거였다. 그런 나의 이야기를 기억하고 있다가 이렇게 편지 속에 소중한 것을 넣어 보낸 아이들이 있다니, 생각할수록 뿌듯하기만 한 일이었다.

그러다 보니 문득, 겨울 방학이 시작된 지 오래인 그때까지 내가 편지 쓰기를 잊고 있었다는 생각이 났다. 편지 쓰기를 강조했던 내가, 아이들의 아름다운 편지를 통해서 편지 쓰기를 되살려낸 셈이었다. 그런데 아쉽게도 말려 둔 꽃잎이 없었다.

결혼해서 살게 된 남편의 집 뜨락에서도 분명히 여름 동안 수국이 탐스럽게 피었다 졌는데, 바쁘다는 것을 핑계로 나의 시심이 메마른 탓이었다. 하는 수 없이, 그림이 예쁘게 그려진 편지지와 편지 봉투를 한아름 사들였다. 그리고는 겨울밤이 깊어 가도록 편지를 썼다. 그 아이들과, 멀리 있는 이들과, 아주 가까이 있는 이들과, 심지어는 나의 아기에게까지.

 방학이 끝나 갈 무렵엔, 내가 써서 부친 편지가 몇 통이나 되는지도 알 수가 없었다. 그 많은 편지를 쓰는 동안, 내가 사랑하는 사람이 이렇게도 많았나 하는 행복감을 느낄 수가 있었다. 과연 겨울은, 나와 남을 따스하게 사랑하기가 아주 좋은 계절인 듯했다.

빨간 줄장미의 기도

깊은 밤에 문득 눈이 떠졌다. 달빛이 창문에 비쳐서 방 안이 훤했다. 더는 잠이 올 것 같지가 않아, 조용히 일어나 창문을 열었다. 작은 뜨락에 심어진 줄장미가 어느새 창틀까지 뻗어 올라와 있었다. 그리고 빨간 꽃송이가 여기저기 탐스럽게 매달려 피어 있었다.

내 나름대로의 의미를 지니고 바라보기 때문일까. 달빛 아래서지만 꽃송이의 빨간빛이 주는 느낌이 선명하고 강하게 와닿았다. 오래 전부터 나는 빨간빛으로 피어나는 줄장미를 좋아했다. 무섭게 타오르는 삶에의 불꽃이 그 자그마한 송이송이에서 느껴지기 때문인지도 몰랐다.

내가 다닌 여학교는, 줄장미의 성(城)이라고 할 만큼 줄장미가 많은 곳이었다. 유월이면 여러 가지 빛깔의 줄장미가 교정의 구석구석에서 피어나곤 했었다.

그 줄장미 중에서도 유난히 내 마음을 끈 건 빨간빛의 줄장미였다. 누구에겐가, 여자는 피를 사랑하며 살 수밖에 없다는 말을 듣고 빨간빛을 마음에 받아들였기 때문인 듯했다.

한 번은, 분수가의 아치를 타고 올라간 그 줄장미를 바라보다가 야릇한 충동이 일었다. 손가락을 일부러 가시에 찔리고는, 솟아나는 핏방울을 가지고 있던 하얀 손수건에 떨어뜨렸다. 그걸 들여다보면서 나는 핏방울이 줄장미처럼 피어났다는 느낌을 받았었다.

그때의 느낌은 내 머릿속에 인상 깊게 남은 듯했다. 그후론 빨간 줄장미만 보면, 나도 모르는 사이에 핏빛을 떠올리곤 했으니 말이다.

대학교 때 우연히 헌혈을 하고 나서부터는 그 느낌이 더욱 강해졌다. 처음 해본 헌혈은 내게 작은 희생의 의미로보다는 일종의 쾌감으로 다가왔다. 내 몸 속의 피가 굵은 바늘을 통해 빨려 나가는 동안, 생명이라도 확인하는 기분이었다.

바늘을 빼고 난 뒤에도 피는 잘 멈추지 않았다. 솜으로 비비고 있다가 떼면 핏방울이 주르르 흘러내렸고, 흘러내린 피는 하얀 침대 시트 위에 떨어졌다. 그것을 보는 순간, 내 생명이 줄장미가 되어 피어났다는 생각이 드는 것이었다.

그리고 나선 아주 가끔씩 헌혈을 하고픈 충동을 느꼈다. 명동성당 앞에 있는 헌혈의 집을 보고 나서는, 그것이 더욱 잦아졌다. 깨끗한 방에서 피를 뽑는 것이 무슨 의식처럼 여겨지기까지 했다.

그러는 사이에 헌혈은 차츰 내 아픔을 표현하고 달래는 몸짓이 되어 갔다. 내가 구하는 삶의 동반자가 만나지지 않을 때, 그렇게 함으로써 지친 나를 일으킨 적도 있었다.

이상한 건, 유월이 되어 빨간 줄장미가 피어나기만 하면 내 아픔이 시작된다는 것이었다. 밖에서 바람이 불 때도 있었고, 스스로의 짐 때문에 휘청거려야 할 때도 있었다. 그것이 한두 번 반복되다 보니 나중에는 아예, 그 줄장미가 피기도 전에 걱정이 앞섰다. 꽃송이 하나하나에서 느껴지는 강렬함을 좋아하면서도, 피해지는 마음은 어쩔 수가 없었다.

그리고는 그 불안에서 벗어나기라도 하려는 듯이 헌혈의 집을 찾아가곤 했다. 반항 섞인 마음으로 피를 뽑고 나면, 내가 먼저 아픔의 줄장미를 피워 버린 양 후련했다.

그런데, 결혼을 한 뒤로는 헌혈을 할 수가 없었다. 줄장미를 통해서 가지던 감정이 잊혀진 건, 결코 아니었다. 오히려 나를 내줄 수밖에는 없는 남편과 아기와의 생활에서 오는 갈등은 상상해 본 적이 없을 만큼 컸다. 게다가 남편과 함께 감당해야 하는 현실적인 일들 앞에서, 나는 내가 생각해도 어처구니 없을 정도로 신경질적이 되곤 했다.

그런 것들이 쌓인 탓일까. 정말 의아하게도, 줄장미가 피는 유월이면 심하게 다툴 일이 생기곤 하는 것이었다. 남편의 입에서는 유월에 무슨 일이 있었던 게 아니냐는 소리까지 나왔다.

하지만, 아무리 생각해도 나쁜 기억이라곤 없었다. 다만, 유월이면 빨간 줄장미와 함께 이루어지곤 하는 일치가 되살리고 싶지 않은 기억이 되어 가고 있을 뿐이었다.

그 모든 생활의 어지러움을 다 지우고야 말겠다는 마음을 안고, 몇 번 헌혈을 하러 갔었다. 그러나 어쩔 수 없이 되돌아 나와야만 했다. 내게 주어진 건 어느 하나라도 포기하지 않겠다는 오기로 이어지는 나의 하루하루가 어느새 내 몸을 몹시 지치게 하고 있었기 때문이었다.

헌혈을 하기 전에 손가락에서 약간의 피를 뽑아 푸른 약 속에 넣어 보면, 피는 동그랗게 뭉쳐져서 떠올랐다. 피가 정상보다 묽은 탓이라고 했다. 나를 위해서도, 내 피를 받게 될 그 누군가를 위해서도 헌혈은 안 된다는 것이었다. 그 말은 그대로 또 다른 서글픔이 되어 내 가슴을 흔들었다.

어느 날 그렇게 돌아 나오던 나의 눈이 헌혈의 집 위쪽에 있는 성모상에 머물렀다. 문득, 전에는 해본 적이 없는 생각이 머리를 스치고 지나갔다. 저 여인의 얼굴이 저토록 하얘진 건 어쩌면, 너무나 많은 피를 흘렸기 때문은 아닐까.

동정녀로 아들을 낳고, 끝내는 말할 수 없는 외로움 속에서 그 아들의 시신을 부둥켜안아야만 했던 삶. 그 삶이 어찌 흘러내리는 핏방울의 연속이 아니었다고 말할 수 있을까.

그 깨달음 속에서, 그 여인을 위해 바치는 기도가 장미를 의미한다던 말이 떠올랐다. 쉰세 살, 그 여인의 일생을 뜻하는 묵주를 돌리며 하는 기도는 줄장미가 되는 셈이었다. 그 여인의 삶이 그토록 온통 아픔이었으니, 줄장미 중에서도 분명 핏빛을 연상케 하는 빨간 빛 꽃송이이리라.

그렇다면 내가 내 스스로를 일으킬 수 없다고 느낄 때마다 바쳐 온 묵주의 기도는 나도 모르는 사이에, 그 줄장미로 화하고 있었던 것인지도 몰랐다.

결국 빨간 장미를 바라보며 아픔에 시달린다고만 느꼈던 유월에, 나는 가장 진한 내 삶의 기도를 하고 있었던 셈이다. 그리고 아픔이기만 했던 성모의 삶이 그 아픔으로 하여 하늘에 달렸듯이, 나 또한 내 나이다운 아픔의 조각들을 통해 성숙한 또 하나의 여인이 되어 가고 있는 것이었다.

첨성대 꽃탑

그것은 내게 있어 단순한 꽃탑이 아니었다. 그리고 남편에게는 그 의미가 더했을 거였다. 그 꽃탑이 세워진 곳은 경주에 있는 보문단지 내였다. 인공으로 만든 폭포와 커다란 물레방아가 돌고 있는 앞이었다. 그것에 대한 이야기를 남편에게서 들은 건, 올봄이었다. 올림픽 기념으로 세우는 것인데, 경주의 특성을 살려 첨성대의 실물 크기로 할 예정이라고 했다.

  철재로 대를 만들어 세우고, 그 위에 만 사오천 개의 꽃모를 올려 모양을 만들어내는 작업은, 가을까지 계속이 됐다. 높이가 9m나 되는 꽃탑이 드디어 모습을 드러낸 건, 올림픽 개막식을 며칠 앞두고서였다.

  나는 개막식 전날인 금요일 저녁에 경주로 내려갔다. 누구보다 먼저 보고 싶어서였는데, 다음날 아침에 가보니 상상 이상이었다. 플라스틱 화분에 심겨진 주황빛 메리고울드와 포인세티아가 반듯하게 첨성대의 기단 모양을 하고 있었고, 그 위로 빨간 살비아가 3분의 1 정도 되는 곳까지를, 그 위엔 노란 메리고울드와 하얀 페튜니아가 번갈아 올려져 완전한 첨성대 모양을 만들어내고 있는 것이었다.

중간쯤에 난 창문 둘레에는 보랏빛 페튜니아로 따로 장식이 되어 있고, 그 위에는 오륜 마크가 꽃들 사이로 곱게 붙여져 있었다. 수많은 송이의 작은 꽃들이 모여 이루어내고 있는, 거대하면서도 조화된 아름다움은 정말 놀라웠다. 애쓴 사람들의 마음이 읽혀지고 남았다.

경주의 새로운 명물로 등장했다고들 한다더니, 벌써 많은 사람들이 모여 사진을 찍고 있었다. 남편과 나는 얼마나 흐뭇한지 몰랐다. 그리고 나서 다시 한 번 그 꽃탑을 올려다보는 순간, 나도 모르는 사이에 가슴이 뭉클해 왔다. 갑자기 꽃탑을 이룬 그 꽃송이 하나하나가, 지난날 남편과 내가 흘린 눈물로 되살아났기 때문이었다.

밖으로 날 불러낸 남편이 지금 근무하는 시청을 그만두게 될지도 모른다는 말을 꺼낸 건, 재작년 겨울 어느 날이었다. 하필이면 그 날 저녁엔 가까운 사람들끼리 부부 동반 모임이 있어서, 우울함은 이루 말할 수가 없었다. 억지 웃음을 지어가며 어울리다가 느지막해서 돌아와, 난 결국 울고 말았다. 남편의 눈에도 눈물이 고이고 있었다.

하긴 전문직으로 있던 남편의 재계약이 힘들게 됨으로써 오는 그 고통은 어쩌면 결혼 초부터 이미 예고된 것인지도 알 수 없었다. 대학원에서 조경을 전공한 남편은 그 전공을 더 깊이 살리고자, 먼저 있던 비교적 안정된 직장에서 애써 신시가지를 건설하는 기획단으로 옮겼었다. 한데 그곳이 얼마 안 가 해체되고, 몇 달 후에야 다시 시청에서 전문 계약직으로 일을 하게 됐다. 그러나, 기술사를 따지 않고서는 그곳에서도 전공을 살려 일을 하기가 몹시 어려웠다.

기술사를 따기란 쉬운 일이 아니어서 실패하기를 두어 번. 그때마다 나는 남편을 일으켜 세우기 위해 안간힘을 써야 했다. 그러던 남편이 작년 늦은 봄 기어이 재계약이 어렵게 되었노라고 했을 땐, 정말 암담하기 짝이 없었다.

하지만 난 어느새, 내가 직장을 가지고 있으니 기술사 준비에만 전념을 해달라는 말을 할 수 있을 정도로 강해져 있었다. 그래도 나 혼자만의 힘으로는 이겨 나갈 수가 없어서, 54일 동안 계속 되는 묵주의 9일 기도에 매달렸다.

남편 역시 그래서였을까. 오랫동안 내가 성당에 나가는 걸 지켜 보기만 하더니, 선뜻 영세를 받겠다고 했다. 난 너무나 기쁜 나머지, 남편이 하느님을 알게 된 것만으로도 우리가 짊어진 고통은 값진 것이라며 감사를 드렸다.

그러면서 시험을 치르고 초조감이 극에 달한 오월 어느 날, 오후 늦게 합격 통지서가 왔다. 남편은 방에 들어가 한참을 울었다. 그것으로 우리는 모두 힘든 일이 끝났다고 믿었다. 그러나, 그것은 또 다른 시련의 시작이었다.

마음에 드는 직장을 얻기 위한 얼굴 없는 기다림은 여름내 계속이 됐다. 그러다 국립공원을 관리하는 신설 단체에 이력서를 내고 시험을 봤다. 하지만 군 출신들이 밀고 내려와서 기술사에 맞지 않는 직급밖에는 줄 수 없다는 말에, 남편은 단호히 고개를 젓고 나와 버렸다. 난 그런 남편을 미워했다. 그런 속에서 여름이 가고 무언가 이야기가 오가기 시작한 건, 가을의 문턱에 들어서서였다.

결국 남편은 지도 교수의 도움으로, 경주에 있는 모 국영기업체의 조경 담당과장으로 일하게 됐다. 막상 내려가던 날은 왜 그렇게 눈물이 흐르는지. 좀더 따뜻하게 해줄 걸 하는 후회가 남편의 뒷모습 속에서 멍이 되어 오고 있었다.

혼자되신 시어머님께서 아들 하나를 키우신 것이었기에, 군대조차 갔다오지 않았던 남편은 그 바람 많은 도시의 겨울을 싸우다시피하며 이겨냈다. 토요일 늦게 집에 도착했다가는, 일요일 오후 늦게 옷가지와 먹을 것을 싸들고 내려가곤 하면서 말이다.

그 속에서 봄이 오고 보문단지 호숫가에 꽃들이 피어나자, 남편의 입에서는 자기의 작업이라는 꽃탑 이야기가 나오기 시작했다. 그리곤 그토록 심혈을 기울여 만든 꽃탑이 세워졌을 때, 누구보다도 먼저 내게 보여주고 싶다고 했다. 어느새 조경을 사랑하게 된 아내인 내게. 내 눈에 그 꽃탑이 단순한 꽃탑으로 보여지지 않는 건 당연했다. 남편에게는 그 의미가 더할 수밖에 없었으리라.

"저건, 아픔 위에 세워진 꽃탑이에요."

"나이 마흔에 들어서야 겨우 세울 수 있었던, 내 삶의 꽃탑과도 같은 거였소."

독자를 위하여

꽃과 삶, 그 치열한 만남

김종회(문학평론가, 경희대 교수)

　이정원의 수필들은 우선 소재의 집중성이 강하게 눈길을 끈다. 꽃이라는 특정한 대상만을 글의 소재로 선택하는 고집은 그의 첫수필집 『어느 꽃인들 이쁘지 않으랴』에서부터 『피에타의 꽃길』과 물속 꽃을 다룬 『내가 바다에 뛰어드는 이유』에 이르기까지 일관되게 지켜져 온 것으로, 편집증적인 집요함으로 느껴질 정도다.
　그러나 그처럼 고정적인 범주의 소재로 글을 쓰면서도, 그 내면 풍경은 전혀 고정적이지 않다. 마치 백화난만한 화원의 풍광처럼, 다채로운 빛깔과 세미한 음색이 글의 문면을, 또 그 행간을 채우고 있기 때문이다.
　그러할 때 꽃이라는 객관적 상관물은 이정원이 마음속 깊은 자리로부터 세계를 내다보는 창으로 기능한다. 그는 꽃을 통하여 세상사와 인간 관계의 여러 절목들을 가늠한다. 때로는 꽃의 외면적 형상이, 때로는 꽃의 내포적 의미가, 또 때로는 꽃에 투영된 자신의 심상이 그러한 가늠의 잣대가 된다.
　일찍이 블레이크는 "한줌의 모래에서 세계를 보고 들에 핀 꽃에서 우주를 본다"고 진술했는데, 이와 같은 차원에서 보자면 꽃은 이정원에게 하나의 소우주이다. 그는 꽃을 통하여 유장한 사유의 공간을 여행한다. 이 관념적인 세계 인식의 방법이 지적 유희의 형태로 결말이 났다면, 우리가 이정원의 수필을 읽으면서 새삼스럽게 놀랄 일은 없었을 것이다.

 이정원이 꽃의 내밀한 의미망을 현실적인 삶의 구체성 속으로 끌고 들어가는 과정을 뒤따르자면, 어느새 관념의 무게가 여과되어 없어지고 순정한 감성이 물안개처럼 어려옴을 느끼게 된다. 이 자연스러우면서도 엄중한 치환의 방식, 그것을 촉진하는 힘은 무슨 거창한 데서 오는 것이 아니다. 아마도 그것은 소재 하나하나에 기울이는 그의 따뜻하고 진실한 정성으로부터 말미암을 터이다.

 예컨대 길섶의 이름 모를 풀꽃에 공여하는 정성어린 손길이 참된 사랑을 건네고 있다면, 그 다음에는 이제 꽃이 입을 열어 말하기 시작한다. 인간과 자연의 순후한 교감은 단박에 범상한 일상을 신비로운 체험의 영역으로 증폭시키는 힘을 발산하고, 그로부터 추수되는 다양한 삶의 깨우침은 작고 소박하지만 깊고 소중하기 이를 데 없는 것이다.

 그리하여 꽃이라는 한정적 성향의 소재를 탐색하면서도 각기의 작품들이 그가 얻은 깨우침의 유형에 따라 서로 선명하게 다른 주제 의식을 표출한다. 그것은 곧 우리의 수필문학에도 이토록 특이하면서도 삶의 보편적 진실을 밝혀 주는 글쓰기가 가능하다는 기쁨을 전해 주는 대목이다.

 또 하나 놀랄 만한 일은, 글의 안과 밖이 한가지로 여울목의 차돌처럼 단단하게 다져져 있다는 사실이다. 겉으로 노출

된 문체에 있어서나 안에서 내비치는 분위기에 있어서도 어느 한구석 소홀해 보이는 데가 없다. 꽃잎 한 장, 꽃 한 송이에 그가 기울인 정성이 오래도록 공들여 쓴 문맥에도 그대로 스며 있는 셈이다.

어느 한 떨기꽃이나 무리꽃에 의해 투영된 삶의 진실, 유별나게 모난 곳이 없는 삶의 저 깊이 있는 바닥에서 걷어 올려진 진실이 문학적 변용의 모양새를 얻도록 하기 위해 그가 선택한 글의 형식이 꽃수필이다.

그런 만큼 이 작가는 편편마다 수미상관한 얼개와 정갈한 어조를 유지하면서, 꽃을 응대하는 자신의 심사와 여기에 반응하는 꽃의 전언을 탄력적으로 접목시킨다. 이 연결고리는 그의 수필을 수필답게 하는 맛이요, 미덕이다. 그는 자신이 선택한 제재가 어떠한 표현법을 얻어야 옳을지를 명민하게 알아차리고 있다.

이정원의 이처럼 빼어난 수필들은 어느 날 하루아침에 습득된 글재주의 소산일 리 없다. 그의 글을 읽으면서 느낀, 흙 속에 묻힌 옥돌을 찾아낸 듯한 기쁨은 나만의 감상적이고 주관적인 소회가 아닐 것이다. 그의 글이 안고 있는 단정한 외관과 진솔한 발화, 그리고 꽃이라는 유일한 소재만으로 구축한 다양한 의미의 성채들은 우리 수필문학이 매우 귀하게 받아들여야 마땅한 성과에 해당된다고 할 수 있겠다.

언젠가 작가는 김수장의 꽃사설시조를 두고 '나' 와 같은 착상을 한 이가 이미 오래 전에 있었다고 술회하면서, 그 삼백 년 전의 노래가 세월의 풍화를 넘어 지금 작가에게 전해

주는 감응력을 겸손하게 받아들인다고 썼다.

　김수장이 그랬던 것처럼, 내가 알고 있는 꽃들의 특성과 수시로 부딪히게 되는 삶의 많은 부분들을 연결시켰다. 남들이 어찌 받아들이건, 내게는 참으로 마음에 드는 작업이었다.

　그렇다! 작가는 꽃만 보며 사는 이가 아니었으며, 꽃을 통해 삶의 진면목을 새롭게 발견하면서 사는 이였던 것이다. 꽃 하나하나의 의미와 작가의 힘겨운 삶이 긴장감 있게 연결되고 그 협화음을 의지하여 수필이 제작될 수 있었으니, 어떤 의미에서는 삶의 고통스러움이 작가로서의 행복일 수도 있었다는 주장도 가능하겠다.

　다만 말미에 남는 하나의 생각이 있다면, 이정원의 꽃들이 잘 다듬어진 정원의 기풍을 표방하는 면모가 약여한 반면, 광활하게 펼쳐진 초원의 활달함이 아쉽게 느껴지는 측면이 있다는 점이다.

　그가 계속해서 꽃수필을 써나갈 것으로 여겨지는 만큼, 그러한 부분적인 폐쇄성을 넘어서 더욱 유암하고 화명한 경계를 열어 가기를, 그리하여 우리에게 계속해서 좋은 꽃수필을 읽을 수 있는 행복을 전해 주기를 기대해 보고자 한다.